AF347259

VUÉLVETE
REINA

VUÉLVETE REINA

10 Principios del Auténtico Poder
Femenino & Reclamar tu Sensualidad

JUSTINA CARMO

Título: *Vuélvete reina*

© 2019, Justina Carmo

Autoedición y Diseño: 2019, Romeo Ediciones

Primera edición: noviembre de 2019

ISBN-13: 978-84-18098-40-6

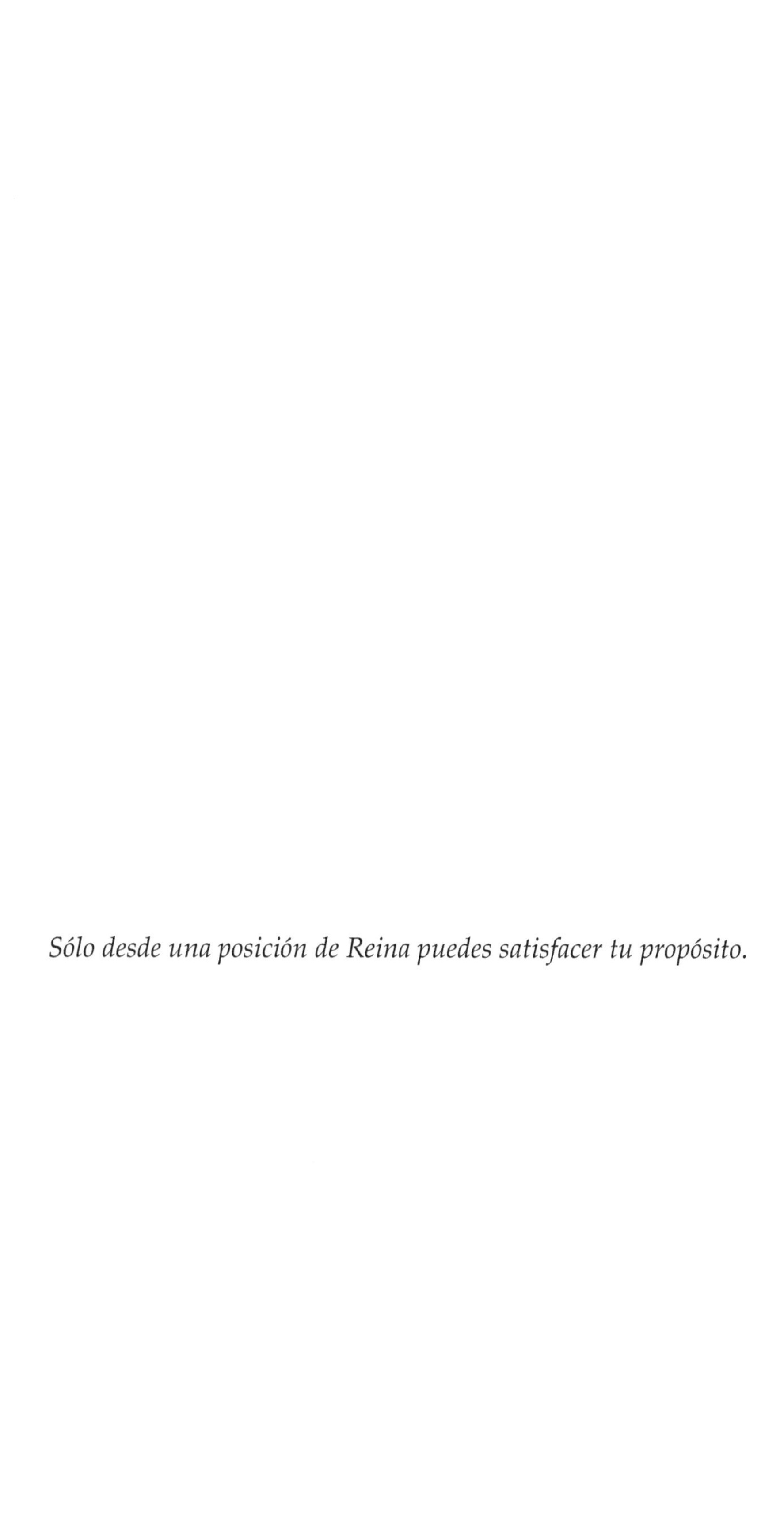

Sólo desde una posición de Reina puedes satisfacer tu propósito.

ÍNDICE

DESCUBRE LA TRILOGÍA COMPLETA

Entra en: justinacarmo.com/libros

Paso #1 — DESCUBRE CÓMO VOLVERTE ESPIRITUAL Y MATERIALMENTE ABUNDANTE

¿Te ves atrapada en un ciclo de tortura donde solo ves el dinero entrar y salir o lo repelas?

Tus días de estar siempre con poco o a cero pueden acabar.

Tus días de vida con un *"nunca hay dinero suficiente"* pueden acabar. Tus días de desear de poder ganar mas dinero, pero simplemente no saber cómo, también pueden terminar.

Cuando aprendas a relacionarte con el dinero desde el amor y la paz, como algo que te apoya en tu vida y propósito — todas las áreas de su vida se expandirán. En este libro, te ayudaré a sanar tu relación con el dinero y renovar tu mente. Recuperarás la paz con ambos.

Paso #2 — ¡ES EL MOMENTO DE DEJAR TUS SUPERPODERES BRILLAR!

Eres poderosa. Eres capaz. Eres sabia. Y tú lo sabes. En tu interior, escondes a una autora bestseller, a una oradora motivacional de fama internacional, una emprendedora multimillonaria, una inversionista altamente exitosa, una mujer de ensueño. **¡Ya hora de que seas la estrella de tu vida y te dejes ver en toda tu gloria!**

En "Superstar Espiritual", aprenderás a convertirte en tu mejor versión de todos los tiempos y poder servir al mundo de una manera audaz, emocionante e impactante. **¡Basta ya de esconderse! ¡Basta de empequeñecerse! ¡Basta de limitarse!** Has recorrido un largo camino para convertirte en quien eres ahora. Tienes tanto que ofrecer. El mundo te necesita exactamente tal y como eres.

ODA A LA MUJER "DEMASIADO"

Ahí está ella... La Mujer *Demasiado*. La que ama demasiado, siente demasiado, pregunta demasiado, desea demasiado.

Allí está... Ocupando demasiado espacio, con su risa, sus curvas, su honestidad, su sexualidad. Su presencia es tan alta como un árbol, tan ancha como una montaña. Su energía ocupa cada grieta de la habitación. Toma demasiado espacio.

Allí está ella, causando un alboroto con su deseo persistente, queriendo demasiado. Ella desea mucho, lo quiere todo: demasiada felicidad, demasiado tiempo a solas, demasiado placer. Atravesará aguas turbias y fuego infernal para conseguirlo. Lo arriesgará todo para sofocar los anhelos de su corazón y de su cuerpo. Esto la hace peligrosa.

Ella es peligrosa.

Y ahí va, esa mujer "demasiado", haciendo que la gente piense demasiado, sienta demasiado, se desvanezca demasiado. Ella, con su prosa auténtica y segura de sí misma en la forma en que se comporta. Ella, con sus carcajadas y su apetito insaciable y su propensión a la pasión ardiente. Todos la miran, pensando que es la mejor.

¡Oh!, esa mujer "demasiado". Demasiado ruidosa. Demasiado vibrante. Demasiado honesta. Demasiado emocional. Demasiado inteligente. Demasiado intensa. Demasiado bonita. Demasiado difícil. Demasiado sensible. Demasiado salvaje. Demasiado intimidante. Demasiado exitosa. Demasiado gorda. Demasiado fuerte. Demasiado política. Demasiado alegre. Demasiado necesitada. Demasiado.

Debería calmarse un poco, bajar un par de muescas. Alguien debería devolverla a un lugar más respetable. Alguien debería decírselo.

Aquí estoy... la Mujer Demasiado. Con mi corazón demasiado tierno y mis demasiadas emociones.

Quiero mucho. Justicia. Sinceridad. Amplitud. Facilidad. Intimidad. Realización. Respeto. Ser vista. Ser comprendida. Toda vuestra atención. Y que mantengas todas tus promesas.

Me han llamado de alto mantenimiento porque quiero lo que quiero, e intimidante por el espacio que ocupo. Me han llamado egoísta porque me amo. Me han llamado bruja porque sé cómo curarme.

Y aun así... me levanto. Aun así, quiero y siento. Pregunto y arriesgo. Tomo mi espacio. Debo hacerlo.

Nosotras, las Mujeres "Demasiado", nos hemos enfrentado al exterminio durante siglos. Le tenemos mucho miedo. Nos aterra su gran presencia. La forma en que ella exige respeto y ejerce la verdad sobre sus sentimientos. Hemos estado tratando de reprimir a la mujer "Demasiado" durante años... en nuestras hermanas, en nuestras esposas, en nuestras hijas. E incluso ahora, incluso hoy, avergonzamos a la Mujer "Demasiado" por su grandeza, por su deseo, por su naturaleza apasionada.

Y aun así... ella prospera.

En mi propio mundo y ante mis propios ojos, estoy presenciando el reclamo y el surgimiento de la Mujer "Demasiado". Esa Mujer "Demasiado" también es conocida por algunos como la Mujer Salvaje o la Divina Femenina. En cualquier caso, ella soy yo, ella eres tú, y le encanta que finalmente tenga algo de atención.

Si alguna vez te han dicho que eres "demasiado" o "exagerada" o "rencorosa" o "engreída", es probable que seas una Mujer "Demasiado".

Y si lo eres... Te ruego que aceptes todo lo que eres. Toda tu profundidad. Toda tu inmensidad. Qué nunca te contengas y nunca te abandones a ti misma — tu grandeza, tu resplandor.

Olvida todo lo que has escuchado: tu exceso es un regalo; ¡oh sí!, uno que pueda sanar, incitar, liberar y llegar directamente al corazón de las cosas.

No tengas miedo de este regalo, y no dejes que nadie te haga rehuirlo. Tu exceso es magia, es medicina. Puede cambiar el mundo.

¿No me crees? Mira esto: todas tus mujeres favoritas, las que han hecho historia, las que han prestado sus voces para el cambio y se han dado valientemente permiso para ser exactamente quienes son. Algunos ejemplos: Oprah, Ronda Rousey, Beyoncé, Kali, Misty Copeland, Janet Mock, María Magdalena...Son todas Mujeres "Demasiado".

Así que, por favor, Mujer "Demasiado": Pregunta. Busca. Desea. Expándete. Muévete. Siente. Sé.

Crea tus olas. Aviva tus llamas. Danos escalofríos.

Por favor, levántate.

Te necesitamos.

Ev'Yan Whitney.

INTRODUCCIÓN

Para Un Tiempo Como Este Has Sido Llamada A Ser La Reina

Cuando pienso en todos los libros sobre empoderamiento femenino, me doy cuenta de que muchas de nosotras buscamos todas las respuestas fuera de nosotras mismas. Preguntar a nuestro mentor. Adelgazar. Teñirte el pelo. Cambiar tu forma de vestir. Mudarte a otro sitio. Cambiar de carrera. Pero he visto que siempre son piezas secundarias de un cambio mucho mayor que se necesita en primer lugar. Un cambio de quien estamos siendo como mujeres femeninas en el siglo XXI que viven en tiempos de acceso global a la tecnología, posibilidades profesionales y a la libertad de expresión.

Como *coach* experimentada, autora y sanadora intuitiva que apoya las almas de mujeres a diario, he tenido el privilegio de ser testigo de algunas de las transformaciones más bonitas en las vidas de mujeres y sus familias — cuando superan sus inseguridades o reconocen su valor. Cuando se ven como mujeres divinas, nobles y pacíficas. Cuando reclaman su propio sentido de ser y propósito en el mundo.

Es hora de un nuevo periodo en tu vida. En el que te vas a dar permiso para brillar y ser tu yo inhibido. Es hora de transformarte en La Mujer que viniste a ser. La mujer que lo tiene todo: un cuerpo sano, una extraordinaria relación amorosa y un valioso círculo de amigos. La mujer está relajada con respecto a sus finanzas porque está mantenida financieramente en su Propósito Mayor.

Puede que estés pasando por un periodo en tu vida en el que lo menos que te sientes es como una Reina. Más bien te sientes como una Cenicienta abandonada. Como la niña de las cerillas. Despreciada. Intentando desesperadamente llegar a fin de mes de cualquier manera que sea posible. Como el Patito Feo. Huérfano. Anhelando encajar. Sentirse finalmente a salvo y protegido.

Todas hemos pasado por ello. Todas hemos pasado por esos malos momentos en nuestra vida. Hemos tenido momentos en los que al principio no creíamos en nuestro potencial para ascender a una posición de Reina.

"¿Quién, yo? ¡Yo! ¿Cómo la Reina? ¡¿PERDONA, Justina?! Mírame. Mira mi cara cansada, mi cabello descuidado, mi ropa vieja y mis zapatos feos. Me siento sola y estoy cansada de luchar constantemente. Ni siquiera parezco una Reina, más bien una mendiga o una sirvienta. Cuesta creer que pueda convertirme en una, si mi vida es tal desastre."

Te entiendo. Tranquila. Relájate. Calma tu mente.

No importa cuánto te sacudas, tu esencia permanecerá sin cambios. Dios te ha estado preparando para tu mayor destino. Sus caminos no son nuestros caminos, pero debemos confiar en ellos. Este libro es tu entrenamiento y elevación hacia un nuevo estado de ser en el mundo como mujer. Tu Conciencia de Reina sobre tu Divinidad Femenina. Tu la has llamado. Tu la has atraído. Así que recíbela.

Como la flor de loto crece entre el barro, las Reinas se alzan de entornos desfavorables, de malas relaciones que eran demasiado pequeñas para quien era una futura Reina, o dificultades de la vida que pulieron su carácter para la excelencia y la compasión. Dios no te ha elegido sólo por tus virtudes, sino también a pesar de tus defectos humanos. A ojos de Dios eres perfecta para la misión que se te ha encomendado. Pero es cierto que necesitarás tu preparación regia. Para eso nos viene bien este libro.

En tu búsqueda para tu propio reinado, las respuestas yacen en tu interior, en el fondo de tu Corazón. Las soluciones yacen en la integración de tu ser de Luz y tu ser de Sombra. En la integración de tu empoderado lado femenino y tu empoderado lado masculino.

La Reina dentro de ti es tu Yo Superior. La Máxima expresión de tu ser. Tu Alma. Ha sido aplastada, olvidada y reprimida. Sin embargo, si elegiste este libro y lo estas sosteniendo en tus manos, quiero que te digas otra vez, pese a tu incredulidad inicial, que: "Has sido elegida para convertirte en la Reina. Para salvar a tu gente. Para ser la voz sanadora y la presencia para los corazones de los hombres y mujeres que entrarán en contacto contigo, tu conciencia de Reina y tu sabiduría intuitiva".

Enseñamos lo que queremos aprender. Tu Conciencia de Reina y estado de ser necesitan empoderamiento. Atención continua. Tu voluntad de escucharla. Me presento para estar en mi digna y humilde disposición como tu Alma Hermana, ayudándote a arreglar esas partes de ti, de tu vida y de tu Conciencia que se rompieron como resultado de reprimir la Reina en tu Interior.

Mi intención y propósito para este libro es que aceptes tu llamado para ser consciente de la Reina como la que Dios te ha creado. Deseo que después de leer este libro seas una Reina ante situaciones desafiantes en tu vida, en áreas en las que anteriormente te encogías, evitabas o abandonabas. Que reclames tu poder interior para que puedas acceder tu ser imparable, feroz y sin complejos, en tu propósito mayor.

A lo largo de este libro te guiaré a través de un viaje de auto-empoderamiento hacia tu Reinado. Si algunas ideas parecen repetitivas, están ahí para "recordarte" algo a lo que quiero que prestes especial atención. Como verás, la repetición es la clave hacia tu éxito y transformación. Desde mi experiencia trabajando con clientes privados y organizando formaciones, seminarios y webinarios, el verdadero saber ocurre cuando sentimos la información en lo más profundo de nuestro ser, no solo conceptualmente en nuestra mente. Deseo que estas enseñanzas que voy a compartir contigo renueven no sólo tu mente y pensamientos, sino también tu cuerpo y tus sentimientos sobre ti misma.

Por último, una de las claves principales para ser una Reina es que las Reinas se empoderan desde dentro. Funcionan con su propia energía espiritual, confianza en sí mismas y una fuerza interior gentil ganada a lo largo de su camino. Cuando comiences a aplicar estas enseñanzas y ejercicios, por favor no esperes que otra gente a tu alrededor "lo entienda", ni que entiendan lo que intentas, a parte quizás de tus amigas Reinas. Algunas partes del viaje de Reina se hacen solas. En solitud, silencio y aislamiento; puesto que la elevación nunca ocurre sin separación ni aislamiento. Te lo recordaré muchas veces a lo largo de este libro, para calmar tu Alma. La razón de esto es que cualquier cosa que te impida oír tu voz de Reina y la de Dios, tiene que salir de tu vida… Gente. Lugares. Pensamientos. Desde ese punto de claridad, también necesitarás tomarte tiempo para nutrirte y amarte profundamente. Poco a poco, paso a paso trabajaremos para abrir tu Corazón de par en par para el Amor y tu buena disposición para servir en el mundo. Tu intuición se agudizará. Te atreverás a ser vista como la mujer gloriosa que eres y a defender la Verdad de tu alma con amor y respeto.

¡Espero que estés tan emocionada por ello como lo estoy yo por ti!

QUÉ PUEDES ESPERAR DE ESTE LIBRO:

Me gustaría mostrarte paso a paso lo que debemos arreglar, afrontar y modificar juntas para poder elevarte a tu estado y conciencia de Reina, para que tengas total claridad sobre el proceso y confíes en el viaje.

PARTE I Eleva tu Conciencia a Mentalidad de Reinas

El Proceso de transformación comenzará con una visión general de los principios clave de Reina que debes dominar para maximizar tu potencial como la Mujer Divina que eres. Para empezar, analizaremos y estimaremos juntas dónde estás exactamente en el viaje de tu Alma, en este punto de tu vida. Echaremos un vistazo a los patrones que aparecen en tu vida y a lo que hay que eliminar, actualizar o transformar.

El **Capítulo 1 – Las Reinas se empoderan desde dentro**, te introduce a una mentalidad de Reina y cómo empezar a pensar como una. Empezando aquí, nos transformamos renovando nuestras mentes. Es importante que empieces a tomar control sobre cómo piensas sobre ti misma, cómo reaccionas ante circunstancias y cómo te enfrentas a ellas, así como tu actitud hacia tus metas, ambiciones y obligaciones.

Te guiaré para soltar el viejo paradigma de ti como esclava, elevándote a una dama de alto nivel y convirtiéndote en Reina. He preparado una meditación guiada, un conjunto de ejercicios de #**ajustatelacorona** que te encantarán y consejos prácticos que te mostrarán cómo implementar estas prácticas de inmediato en tu vida diaria. Será una lectura fácil, te lo prometo.

En los **Capítulos 2 y 3**, veremos qué significa *"ser una Reina al respecto"*, empoderarte y tomar acciones para elevar tus estándares, resultados y admiración.

Seguramente ya hayas oído el concepto de que aquello en lo que te centras se expande. Pero en el **Capítulo 3, Paso 1: Una Reina sólo conoce una dirección: ADELANTE,** te hablo de cómo al permitirte quedar atrapada por limitaciones externas y evitar ponerte por encima de ellas, te estás negando a ti misma tu Reinado. El resultado es que creas inercia, inseguridades e impotencia. Así que, para Volverte Reina, debes ser atrevida, valiente e ir más allá de tu dolor, sufrimiento y rencor del pasado. En este proceso, debes mantenerte fiel a tus verdaderos deseos y a tu esencia, debes tener la mayor compasión y comprensión por ti misma y por lo que haces en el mundo. No tengas complejos sobre qué y por qué deseas. En otras palabras, para poder prosperar debes estar dispuesta a dejar que tu No-Reina muera y permitir que la Verdadera Reina de tu Interior tome las riendas.

El **Capítulo 4: Las Reinas se posicionan para la grandeza**, continúa observando cómo nos mostramos inconscientemente como menos que Reinas y nos hacemos pequeñas por miedos a partes de nuestra personalidad, para poder complacer y adaptarnos a nuestro entorno. Es por eso por lo que no es suficiente solo desear un cambio, sino realmente comprometerse a ello día a día en la manera en que nos expresamos, comunicamos nuestras ideas o incluso cómo miramos a otra gente a los ojos. Cuando acabes este libro, sabrás cómo presentarte y mostrar tu trabajo con dignidad y una confianza sincera sin caer en el esnobismo o la vanidad.

Después de todo, nosotras las Reinas, mantenemos la clase.

El **Capítulo 5: Las Reinas controlan sus emociones**, ilustra la diferencia entre ser manipulada y tener autocontrol. Ser manipulada implica vivir un drama emocional eterno. Ir por el mundo como una víctima histérica de tus circunstancias o ciclo menstrual, mientras todo el mundo a tu alrededor se lo pasa en grande sacándote de quicio y tratándote de tonta. Por suerte, ese juego se ha ACABADO. Nosotras las Reinas, sabemos mantener la calma. Tus emociones están aquí para guiarte, no para arruinar tu vida ni tus finanzas. Sin embargo, debemos arrojar un poco más de luz sobre exactamente cómo tomar control sobre nuestras emociones femeninas, al mismo tiempo que manteniendo acceso y estar en contacto con ellas. Como resultado de leer este capítulo, estarás más arraigada a tu cuerpo, mucho más centrada y alerta, libre de reaccionar exageradamente de una manera que dañe tus relaciones o tu realidad actual.

PARTE II Acércate a Tu Nuevo Destino como Reina

En el **Capítulo 6: Las Reinas destilan presencia Real**, se te mostrará cómo abrazar el concepto de ser la Reina y a encarnarla desde ese momento. Aun mejor, sabrás cómo conectar exactamente con tu presencia Real y a mostrarte como lo hacen las Reinas. Sí, eso necesita entrenamiento, precisamente por eso lo hacemos juntas. Estoy aquí para ti. Te enseñaré los errores más comunes que hay que evitar, las mejores prácticas que hay que implementar. En ese estado de ser Reina, empezarás a emanar tu presencia real durante cualquier encuentro, cita o reunión profesional. Por lo tanto, si puedes anclarte mental y espiritualmente en tu presencia de Reina, experimentarás el estado de ser una y, lo que es más, acabarás siendo una. Ahora te estás moviendo hacia tu nueva identidad, porque tu mente y cuerpo trabajan como uno. Cuando empiezas a sentir que tu presencia es sagrada, necesitada y honrada, te empoderas para tomar más espacio e influenciar en tu entorno. Estás cambiando tu vieja programación subconsciente que anteriormente te hacía rebajarte, subestimar tu contribución y hacía que te comportaras como si tú no importases. Estos viejos hábitos, actitudes, maneras de ser y otras cosas automáticas que no queremos, ¡van directas al cubo de la basura en el capítulo 6! ¡Adiós, no lo necesitamos más! Una Reina no malgasta su energía en situaciones, comportamientos y pensamientos basura.

El **Capítulo 7: Las Reinas reclaman su valía con respeto**, explora cómo romper con el exhaustivo hábito de menospreciar nuestros dones y talentos para poder ser aceptadas y admiradas. Una Reina expande su zona de confort estirando constantemente. Todas llegamos hasta cierto punto en el que tememos que nos juzguen como codiciosas, materialistas o que "solo nos importa el dinero". Una Reina se da permiso a sí misma para reconocer el valor de su contribución y venerar lo que hace. Aunque ella en sí misma no tiene precio, decidió que su tiempo y experiencia tienen un valor tremendo. Este es el punto de unión donde tu mentalidad empoderada se junta con tu nueva presencia real o cae en la repetitividad de dudar de sí misma y privarse de cosas. Aprenderás a equilibrar tu energía a modo de estar alineada con las intenciones más puras y el razonamiento fundamentado. Finalmente, crearás un sentido de autovalor innegable. Cuando apareces como quién eres de verdad, eres realmente libre.

La Parte II acaba con el **Capítulo 8: Las Reinas se visten para proyectar poder,** el propósito del cual es desmitificar la apariencia física de la Reina para que sepas qué imagen externa eliges para ti y por qué. Hablo del estilo de moda, o sea, te muestro cómo tu aspecto se traduce en tu reputación cuando te vistes con propósito frente a cuando lo haces insegura, en un estado de prueba y simulación, debido a la f*lta de autoconciencia y definición. Si nada cambia en tu armario y sigues sin prestar atención a cómo te presentas al mundo exterior, nada ha cambiado. Cuando eres deliberada e intencional con tu manera de vestir, te empoderas para ser vista como la Reina que eres. A decir verdad, incluso en apuros, las Reinas no toleran las mallas de yoga por mucho tiempo. Lo excitante es la sensación de ser nuestro ser más bello y lo que podemos crear desde ese nivel de autocuidado. Ahora empezarás a dominar los principios centrales del arte de Vestirse con Poder para que las puertas doradas que solían estar cerradas se abran frente a ti.

PARTE III Vive Tu Vida Según Reglas de Reina

Toda la información en la Parte I y II se proporciona para equiparte con los recursos necesarios para convertirte en una Reina Benevolente que reina con su Corazón y sirve al mundo a lo grande. La Parte III trata de la disposición final y de realizar las misiones que Dios te ha dado. En el **Capítulo 9: Las Reinas tienen una relación poderosa con Dios**, tomarás poder sobre cómo fortalecer tu relación con Dios para que puedas sentirte segura en tu interior de que recibirás orientación y permanecerás conectada con tu Creador.

Capítulo 10: Las Reinas se entregan a Reyes. Aquí hablaremos también de los principios básicos de la Pareja de Poder y tu potencial alianza con tu Rey Amado, tu Alma Gemela, para poder crear una relación sagrada con él. Aunque use palabras como "entregarse", "rendirse" y "ser obediente" te ruego que permanezcas conmigo y sigas leyendo, ¡no tires la toalla a estas alturas! Puede que te estés preguntando, *"¿Por qué necesito rendirme a un Rey o incluso ser obediente? Ni hablar. Yo no. ¡Gracias!"*.

Lo sé. Yo seguramente pensaría lo mismo. Decidí añadir este conocimiento relevante debido a la gran incomprensión que hay hoy en día del Femenino Empoderado y el Masculino Empoderado y los resultados que puedo observar: un índice de divorcio más elevado, parejas separándose más rápidamente, y más y más mujeres independientes que están frustradas y solas en casa con gatos, galletas y vino. Cuando comprendas qué y por qué, *sabrás* y *sentirás* más y, en consecuencia, mejorarás. Por lo tanto, tendrás más poder y más conciencia cuando tomes decisiones desde la posición de una Reina también en tu vida amorosa.

¡Empecemos!

LA VERDADERA HISTORIA DE LA REINA ESTER

La historia que voy a contarte quiero que la hagas tuya… Es la antigua y verdadera historia de la Reina Ester. Esta historia tuvo lugar en el año 2500 antes de Cristo y trata de una mujer ordinaria que consiguió una vida legendaria. Consiguió vivir su mayor destino y cumplir con su propósito. Esta historia empieza en la antigua Persia, en lo que hoy sería el Irán moderno. En Persia había un rey, rey Asuero, quien organizó una gran fiesta que duró 6 meses. Invitó a muchísima gente, todo su pueblo, sus nobles, personas majestuosas para pasárselo bien — con el mejor vino y la mejor comida. Al final de esta fiesta el rey pidió que su reina, por entonces Reina Vashti, demostrara su belleza en frente de sus nobles. Sin embargo, la reina Vashti dijo: *"No. No voy a hacerlo."*

Decir "NO" a un hombre hoy en día ya es algo que nos asusta. Decir no y desobedecer no estaba bien visto — porque lo femenino sigue la dirección masculina. ¿Qué lección podemos aprender de esto?

El aprendizaje: **Se trata de honrar nuestro "Sí" y honrar nuestro "No"**

¿Cuántas veces decimos "Sí" cuando en realidad queremos decir "No"? Y con eso nuestra alma sufre. Y ¿cuántas veces queremos decir "No" pero por codependencia decimos "Sí"? Pues por consecuencia de esta decisión, la reina Vashti quedó expulsada del reino y casi perdió la vida. ¿Por qué? Porque cuando una mujer dice "no" al rey, sus nobles dirían *"bueno, si la reina dice "No" al rey ¿que nos dirá a nosotros?, otras mujeres que estaban con la reina lo han visto y van a deshonrar e irrespetar a otros hombres; no podemos permitir eso"* así que, como consecuencia de su actitud, la reina Vashti quedó expulsada del reino, perdió todo lo que tenía y se quedó sin nada.

Al mismo tiempo, en esa época en Israel había guerra. Había una niña judía que perdió en la guerra a sus padres, a su mamá y a su papá, quedando huérfana. Y aquí quiero que veas cuántas veces en la vida te has quedado huérfana, sin madre o sin padre, no sólo en el sentido literal, sino emocional, espiritual y físicamente; te has quedado sin nadie, como una "huérfana" sola, esto es lo que le pasó a Ester. El único pariente que le quedaba a Ester era Mordaqueo, que era su tío, hermano de su madre. Él la adoptó y cuidó de ella. Y por si quedarse huérfana y sufrir tanto dolor fuera poco, los judíos de ese entonces, por causa de la guerra, fueron exiliados de Israel a Persia. Imagínate, una niña pequeña que pierde sus padres y encima es exiliada.

¿Sabes? Las desgracias no vienen solas, siempre vienen acompañadas de algo más, así era en este caso y la historia continúa...

El rey quería encontrar una nueva reina, le aconsejaron que celebrara un gran banquete, para reunir a todas las vírgenes bellas y jóvenes de su reinado. Ester fue llamada a asistir a este banquete también. Se vio empujada a ello, ella no lo eligió... una niña huérfana, exiliada y encima por fuerza la metieron en el palacio del rey, entre 2500 mujeres más. Imagina cuánto estrés, cuánto dolor, cuánta ansiedad, tuvo que vivir Ester, pero cuando entró en el palacio, uno de los nobles del rey, llamado Agae, vio en ella que no sólo era una mujer hermosa, sino que también tenía buen parecer y disposición agradable. Imagina cuántas de nosotras podrían demostrar lo mismo, quedarse huérfanas, exiliadas, metidas en un palacio entre 2500 mujeres, y aun así entrar en este palacio con una disposición agradable a pesar de todo; y esta disposición agradable quiere decir que está en la alta frecuencia, en la alta vibración, atractiva a pesar de estas desgracias. Y Ester no decía *"soy judía, no voy a poder, ¿quién soy yo?, soy una huérfana, no soy lo suficientemente buena, nunca voy a llegar a ser reina, ¿cómo es posible? No puedo"*. Ella no se dio por vencida, sino que se presentó. ¿Cuántas veces nosotras nos damos por vencidas? Incluso antes de que cualquier cosa suceda. Y decimos *"¿quién soy yo para eso? Vengo de esta familia, tengo estos títulos, no soy lo suficientemente guapa, buena, atractiva"*; pero Ester no.

Ester siguió los consejos de Agae. Él veía en ella algo especial, veía que era una muchacha buena, benévola, hermosa, y ella siguió sus consejos. Durante los primeros seis meses en el palacio, se preparó, recibió los mejores alimentos que Agae le proveía y abastecía y también recibía tratamientos de belleza de aceites de mirra, ¡se estaba preparando!

¿Y qué podemos aprender de esto?

Aprendizaje: **La importancia de nuestro autocuidado no es algo negociable,** no es algo aleatorio, no es algo que digamos *"cuando tenga el dinero lo voy a hacer, cuando tenga tiempo lo voy a hacer"*, es algo innegociable para estar en contacto con tu femenino, para brillar con tu luz, para realmente estar en tu poder.

La preparación duró 12 meses. Ester siguió los consejos de Agae. Agae es, para mí, el primer *coach*; y Ester siguió muy bien sus consejos al pie de la letra, y cuando llegó el momento de que Ester se presentara ante el rey, Ester llevaba consigo sólo lo que Agae le había indicado. Era muy obediente, muy benévola, segura de sí misma y buena seguidora. Por la noche, Ester se encontró con el rey y éste, al verla, quedó enamorado. ¡Una cosa muy importante! Ester, siguiendo los consejos de Agae y Mardoqueo, no reveló sus orígenes, de dónde venía. Y esto es muy importante. Porque lo femenino también es lo misterioso, lo seductivo. ¿A cuántas mujeres conocéis y cuántas personas, que cuando los encontráis os cuentan: *"mira, me ha pasado esto, esta es la historia de mi vida, he pasado por esto y esto blablablá"*? Ester no. Ester mantuvo su mensaje, su poder, su misterio, su identidad. Y el rey la eligió y quedó enamorado de ella, la coronó reina y le puso su tiara.

Podríamos pensar que la historia acaba aquí.

Ester, una mujer judía, modesta, huérfana, exiliada; llega al reino, llega al trono, llega a ser la reina. Pero no.

Pasados varios meses, el mejor amigo del rey decretó una ley en la que se postulaba que el pueblo judío tenía que ser liquidado, aniquilado, porque tenían otras costumbres, rezaban de otra forma, se comportaban de manera diferente, y esto suponía un riesgo. Y se declaró un decreto en el que había que matar a los judíos. Mordaqueo, al enterarse de todo esto, fue al palacio porque quería hablar con Ester. Ester, ya acostumbrada a ser la reina, le dio la bienvenida en su ropa real, puesto que cuando eres la reina la ropa sí que importa, cómo te presentas y cómo vistes. Le dio la bienvenida a Mardoqueo y le preguntó *"Mordaqueo, ¿qué me vienes a contar? ¿Qué ha pasado?"* a lo que Mordaqueo contestó *"¡Ester! ¡Ester, se ha declarado un decreto que el pueblo judío tiene que ser aniquilado, matado!"*

Ester escuchó el mensaje mientras Mordaqueo continuaba... *"tienes que ir ante el rey y salvar a nuestro pueblo, salvar a tu pueblo, salvar a tu gente."* Ester, asustada y sorprendida, replicó *"¡NO, NO! Mardoqueo, ¡tú no sabes! Tú no sabes el protocolo en este palacio... yo no puedo presentarme ante el rey si él no me llama, me matarían a mí y a mis sirvientas... no puedo presentarme ante el rey sin ser llamada primero"*, y Mardoqueo le advirtió *"Ester, la voluntad de Dios será cumplida contigo o sin ti. Dios encontrará la manera"*. Esta es la frase más importante de esta historia.

Quién sabe si para momentos así, tú has sido llamada al reino para salvar a tu gente, has llegado al reino para salvar a tu gente, ¿cómo podemos interpretar esto? Es como decir: *¿Es que no te das cuenta? el universo ha invertido tanto en ti, te ha sacado de Israel a Persia, has pasado por tantas cosas, tantos acontecimientos, tanto dolor... para que ahora Dios pueda usarte para salvar a tu gente. ¿No te das cuenta de que todo esto no ha sido en*

vano, que es voluntad de Dios? o te rindes y obedeces o morirás.
Ester entró en su presencia femenina, conectó con su corazón
y después conectó con su masculino, porque la figura de la
reina usa la integración de los 2: el femenino y el masculino.
Y así podemos ver cómo comunica una reina, una líder femenina. Ester dijo *"ve, junta a la gente, ayunad por mí 3 días y yo
también voy a ayunar con mis sirvientas."*

Podemos ver que se comunicó clara, directa y precisamente.
No la vemos decir *"¿sabes qué? Voy a hacerlo todo sola, a ver qué
se me ocurre, a ver qué puedo hacer. Dejadmelo todo a mí, encontraré
una manera"*. No; ella no está sola, ella está lo suficientemente
empoderada como para pedir ayuda, y juntar los recursos.
Tampoco la oímos decir *"¿Sería posible que tú oraras por mí con
tu gente, si no es mucho pedir?"* sino que dice: *"VE, JUNTA a la
gente ORAD por mí, AYUNAD 3 días,"* dando instrucciones
como la líder femenina que es.

¿Cuál es la lección para nosotras aquí? **Cuando se enfrenta
a algún problema, cuando necesita inmediatamente pasar a
la acción, lo que hace Ester primero es conectar con su práctica espiritual.** Si esto para ti es meditar, afirmar, orar, estar
en silencio, bailar… cualquier práctica espiritual que puedas
tener, utilízala; y si es por 3 minutos genial, y si es por 3 días
genial, y si necesitas 3 semanas está bien, pero primero conecta con tu práctica espiritual para encontrar tu estrategia
espiritual.

Las soluciones existen y están a tu alcance en cualquier momento, pero depende de cuándo conectas y cómo conectas.
Acuérdate de conectar siempre desde tu corazón con esta
fuerza superior para encontrar tu estrategia espiritual. Ester
consiguió su estrategia espiritual en ese momento, cuando
su vida y la vida de su gente estaban en gran peligro. Pero
podemos ver que estaba bien centrada, manteniendo su energía, muy presente. Cualquier otra mujer podría, desesperadamente, acudir a un hombre, a este rey y decir: *"oye, necesito
tu ayuda. No sé qué hacer, sálvame, por favor, necesito que hagas*

esto por mí". Pero Ester no. Ester, como la reina que era, conectó con su femenino. Otra vez preparó su ropa, su aspecto, así se veía más atractiva, más magnética en su femenino, para el rey y se presentó ante él. Se presentó ante él en su femenino, cuando estaba atractiva, y después que el rey la llamara, evitando ese peligro de sentarse sin ser llamada. El rey dijo *"mi amada reina ¿qué es lo que deseas?, hasta la mitad de mi reino te será dada"*, y Ester contestó, manteniendo su energía, sin pánico ni dispersión, *"mi amado rey, me gustaría invitarte a un banquete que he organizado y, por favor, trae a tu mejor amigo"*. ¿Veis? Qué seducción, qué misterio… cuán femenina se muestra Ester en esta historia. Cómo mantiene su energía. Y llegó el día del banquete, llegaron el rey y su mejor amigo, la reina les dio todo lo mejor -la mejor comida y el mejor vino- para llegar al corazón del hombre. Y el rey preguntó de nuevo *"mi amada reina ¿qué es lo que deseas? Hasta la mitad de mi reino te será dada. ¿Qué es lo que deseas?"* ¿Y qué contestó Ester? *"Me gustaría volver a invitarte mañana a otro banquete que he preparado para ti, por favor, trae a tu mejor amigo"*.

¿Ves? Cómo crea esta atracción, esta seducción, esta sensación de misterio. Y no sé vosotras… pero si mi vida y la vida de mi gente estuvieran en peligro, a mí me costaría muchísimo no asustarme y mantener esta compostura. Podemos ver como ella está integrada, centrada, presente y no cae en la vibración del miedo. Está conectada con su corazón incluso en un momento tan decisivo.

El segundo día vinieron el rey y su mejor amigo, comieron, se lo pasaron muy bien y al final el rey preguntó otra vez a Ester *"Ester, mi amada reina, ¿qué es lo que deseas? hasta la mitad de mi reino se te será dada"*. Observa en este momento cómo se comunica, cuán directa y específicamente, las mujeres muchas veces contamos mil historias y no vamos al grano. Pero Ester no. Ella dijo *"mi amado rey, si no fuera algo tan importante ni siquiera hubiera ocupado tu tiempo, soy judía y se ha declarado una ley para matar a mi pueblo, necesito tu ayuda"*. Y el rey enfurecido dijo *"¿quién ha podido declarar una cosa así?"* ¿Qué respondió Ester? *"Tu mejor amigo, tu amigo Agae"*. ¿Cuántas veces las mujeres tenemos miedo a la confrontación, a ser directas y realmente expresar lo que pasa de una forma íntegra, con presencia, sin histerias, sin pánico… conectadas con nuestro corazón?

Es una gran lección, ¿cómo podemos comunicar como reinas, sin entrar en histerias, en pánico, e ir muy directamente al grano? Comunicando con el principio masculino. El rey entró en cólera, estaba tan furioso que hizo matar a su mejor amigo y por supuesto quiso ayudar a Ester, pero le dijo *"Ester, según la ley, cuando el decreto ya ha sido sellado con el anillo del rey no lo puedo cancelar"*, así que Ester empezó a buscar otra alternativa junto con Mardoqueo. Originalmente, el día que empezó la matanza, el decreto decía que los judíos no podían defenderse cuando recibían los ataques, pero pudo alterarse para que los judíos pudieran defenderse. Y llegó el día en que los judíos pudieron defenderse y Ester salvó así a su gente.

La lección más grande de esta historia, para mí, **es que sólo desde la posición de reina, de tu mayor poder, de tu femenino divino, puedes cumplir con tu propósito** — puedes cumplir con tu misión, puedes salvar a la gente que te necesita, que cuentan contigo y que, si tú no apareces, morirán o sufrirán porque te necesitaban.

Sólo desde una posición de reina puedes cumplir con tu propósito y con tu destino.

Y vivir tu mayor destino en tu mayor gloria…

LA MENTALIDAD DE UNA REINA

CAPÍTULO 1

LAS REINAS SE EMPODERAN DESDE DENTRO

"Ser poderosa es como ser una dama.

Si tienes que ir diciéndole a la gente que lo eres, no lo eres."

— MARGARET THATCHER

Ser una Reina es como ser una Dama. No necesitas autoproclamarte como tal. No necesitas anunciar tu llegada. Cuando conectas con ella y la encarnas en tu vida, se mostrará. Será obvio. Otros a tu alrededor sentirán *"Aquí viene la Reina"*. Se preguntarán en secreto *"¿Qué la hace tan Reina?"* Y te abrirán paso para que pases y los honres con tu presencia radiante.

Mi propósito es elevar tu Conciencia como mujer hasta ese punto, también. No importa de dónde eres, cuántas dificultades hayas tenido que soportar o cuán rota te sientes en este momento. Lo que importa es la Verdad Divina sobre ti, la Verdad que debes recordar en todo momento durante este viaje:

DIOS TE HA CREADO PARA QUE SEAS LA REINA

De hecho, cada mujer está destinada a ser la Reina. Sin embargo, no todas las mujeres son conscientes de ello. Sin conciencia podemos estar justo en frente estamos buscando y no darnos cuenta de ello. Es parecido a la historia popular del mendigo que tiene un cheque de 1.000.000$ escondido en su bolsa sin saberlo. ¿Lo hace eso rico automáticamente? No hasta el momento en que su conciencia cambia. No hasta que es completamente consciente de lo que posee. Es lo mismo con nuestro despertar interior para encarnar nuestra Conciencia de Reina como mujeres Completamente Divinas y Femeninas.

En nuestros tiempos modernos, podemos observar el surgimiento de la conciencia Divina Femenina en el planeta: por ejemplo, compasión máxima, intuición e inocencia pura. Más y más mujeres alrededor del mundo expresan cualidades como: ser cariñosas, dulces, indulgentes, sin prejuicios, procreadoras, intuitivas, sensibles.

Al mismo tiempo, podemos observar con la misma presencia el comportamiento irrespetuoso hacia sí mismas y hacia otros en mujeres con la conciencia rota. Entiendo que de ahí viene la vulgaridad verbal y física inapropiada, la promiscuidad, hostilidad, lenguaje deshonroso en contacto con los hombres y ser excesivamente masculina, por miedo y desequilibrio espiritual.

Mi intención con este capítulo es explicarte los principios clave que componen la mentalidad de una Reina.

DESCUBRE LA REINA QUE VIVE EN TI

En el fondo siempre has sabido que has sido llamada para vivir una vida grande y hermosa e impactar las vidas de otros con tu manera única de ser. Corrígeme si me equivoco, pero… ¿no te han atraído siempre las prendas elegantes, las casas impresionantes y las mujeres con clase? En lo más profundo de tu Alma, has oído esa vocecita diciéndote que estabas hecha para mucho más. Esa voz es tu VERDAD. Tu pureza. Tu camino a la liberación.

Necesitarás conectar con la voz y consultar con tu intuición de forma regular. Esto se hace a través de tus prácticas espirituales diarias, como escribir un diario, meditación de oración y establecer intenciones claras. Además, tendrás que confiar en ello y seguir tu guía – a pesar de las probabilidades y de su mensaje a menudo no lineal ni razonable. Agárrate fuerte y no te asustes todavía. La buena noticia es que Dios ya ha preparado el camino. Ahora simplemente te está preparando a ti.

"Ir para atrás ya no es una opción.
Por muy aterrador que pueda ser, avanzar es tu única opción."

Tu camino real hacia tu Reinado -tu máxima expresión como una mujer Divina Femenina- empieza en lo más profundo de ti. Empieza con el permiso de ser tú misma. Comienza en el momento que tú DECIDES[1] respirar profundamente, levantar la barbilla y bajar los brazos. Empieza en el momento en que ya has tenido suficiente de ser Cenicienta, como una No-Reina – siempre privada de ti misma, siempre abandonada y escondiendo todo tu potencial. Tu Alma siempre ha sabido que había más. Me apuesto lo que sea. ¡De lo contrario, no hubieses elegido un libro sobre Reinas!

LA CONCIENCIA AHORA ES SEXY

Antes de presentarte el concepto de Reina y describirlo con más detalle, me gustaría establecer una intención contigo.

Respira profundamente entre estas líneas.

Para.

Coloca suavemente una mano en tu corazón y piensa dentro de ti:

"Mi intención es tener más compasión por mí misma durante este proceso. Me doy permiso a mí misma para pensar más amablemente, mejor y más amorosamente sobre mí misma, incluso cuando me siento desafiada o confundida."

---

1   DECIDIR: eliminar cualquier otra posibilidad u opción, no estar dispuesta a nada más que, comprometerse con nuevas acciones, rechazar todo lo demás

¿Por qué? Nuestro diálogo interno crea nuestro mundo exterior. Esa voz dura y marimandona en ti no es la voz de tu Alma. Me apuesto lo que sea a que suena más como tu Madre o tu Padre, y la has internalizado como tuya. Empieza a ser más consciente de tu diálogo interno al pillarte con un momento de "AJÁ" (¡ahí va de nuevo, criticándome o asustándome!) Y cámbialo de inmediato por *"Preciosa mía, <u>por supuesto</u> que puedes hacerlo. ¡Puedes tener éxito con esto!* No creas todo lo que te sugiere. ¡Nuestra meta es tomar control de esa voz a través de la disciplina interna para que puedas hablar contigo misma como una animadora o una fan número uno!

Lamentablemente, hemos sido condicionadas a degradarnos constantemente, empezando con nuestra mente y nuestras palabras. Antes de darnos ni si quiera la oportunidad de expresar lo que deseamos o de recibir nuestros buenos pensamientos ya está ahí como *"¿Quién soy yo para…?"*, *"Todavía no soy perfecta"*, *"Es demasiado para mí"*, etc. Nada es *demasiado* para tu propósito Y para tu DIOS.

La característica más atractiva de una mujer en su esencia femenina es el resplandor de su corazón. La luz que la rodea. Su presencia grácil. Su corazón abierto. Su disposición a entregarse, a dar y recibir amor. Eso es divinamente sexy. Lo que la hace así es su conciencia despierta. Destaca en su totalidad como mujer. En este capítulo, mi intención es despertarte para que retomes todo tu poder y hagas un primer paso hacia tu mentalidad de Reina.

Hace falta un cambio interno en tu manera de pensar en ti misma y en cómo te muestras en el mundo revelando tu presencia femenina. La transformación se reflejará en la manera cómo hablas y vives tu vida. La excelencia de tu espíritu será claramente visible en el mundo exterior, permitiéndote ocupar más espacio en el mundo y defender valientemente el legado que deseas contribuir en el mundo.

Se te define cuando las cosas van mal. Y aun así te levantas.

Se te define cuando estás asustada. Y aun así vas a por ello.

Se te define cuando no sabes cómo. Y aun así encuentras una manera.

DEFINICIÓN DE UNA REINA

Una Reina representa el ejemplo arquetípico perfecto de clase en una mujer. Es el mejor modelo femenino en su categoría. Su energía representa y te conecta con la máxima expresión de tu Alma. Con tu Verdad Interior.

En palabras de la autora Osmara Vindel, los arquetipos son la encarnación de los rasgos de personalidad colectiva y personales que todos compartimos. Son como los personajes atemporales que hemos visto en el escenario a lo largo de la historia. Como un disfraz de Halloween, asumimos estos rasgos como parte de nuestras identidades sin saberlo si quiera.

Una mujer encarnando su arquetipo de Reina muestra una energía digna y magnífica que la hace una poderosa fuerza de atracción a tener en cuenta.

La Reina es sabia porque ha aprendido de sus propios errores y se ha enfrentado a sus demonios internos. Ha mirado en lo más profundo de sí misma y, como resultado, se ha hecho más fuerte.

Su poder no proviene de sus credenciales. Su poder se basa en el conocimiento de su corazón y mente. Ella domina el arte de alinear sus deseos ardientes con sus actos y claridad. Tiene autoridad y la ejerce con discernimiento.

Tiene un fuerte sentido del deber y la responsabilidad por el poder que le ha sido otorgado. Humilde, pero aun así majestuosa. Posee una gran confianza y sabiduría, no por su valor externo sino por quien es en su interior. Piensa y hace las cosas con estrategia. Un poco aislada, puesto que no puede estar accesible para todos aquellos que desean estar en su presencia todo el tiempo.

R	- Mujer de calidad
E	- Presencia definitiva
I	- Carácter excelente
N	- Empoderada internamente
A	- Actitud de no a los dramas

Una Reina es una mujer de calidad y sustancia. Dicha calidad empieza con tener pensamientos de calidad, que luego se expresan a través de la calidad en su discurso y comportamientos y una buena disposición para ser útil. Cuando una Reina abre la boca, todo el mundo desea escucharla. Sus palabras son perlas de sabiduría. Una Reina no se mostrará por debajo de ciertos estándares, no entretendrá conversaciones de baja calidad ni se comportará de ninguna manera que no sea digna de una Reina. Las cosas que llamarán su atención son sólo aquellas que merezcan su atención. La razón por la que esto es importante es porque sin calidad y sustancia en lo más profundo de tu interior, tu poder auténtico no será impactante ni suficientemente compasivo para la tarea de servir a tu comunidad.

Un ejemplo de tal calidad es la billonaria estadounidense y presentadora de TV, Oprah Winfrey con sus sesiones *"Super Soul Sunday"* como forma de traer una comunicación conmovedora y elevadora de calidad y sustancia a los medios convencionales. Fiel al perfil arquetípico, Oprah usa sus dones de poder y generosidad para abrir puertas y posibilidades de una nueva vida para los demás. Estas palabras de afirmación e inspiración vienen de Oprah: "Piensa como una Reina. Una reina no tiene miedo de fracasar. El fracaso es otro escalón hacia la grandeza."

Las Reinas poseen una presencia definitiva. Su presencia es su magia y encanto exterior. La presencia emana de la comprensión de quién eres y por qué existes. De la confianza en ese saber. La presencia de una Reina es el reflejo de la excelencia de su Espíritu. Esa calidad notable de presencia para ella es el resultado de quién es ella como mujer, a lo que ha tenido el coraje de decir que sí en su vida y de qué creencias defiende.

En este contexto, la presencia representa no tanto el estar físicamente presente en el espacio, sino el poder de llenar ese espacio con su magnífica aura. Las Reinas destacan visiblemente entre la multitud simplemente siendo ellas mismas, sin la necesidad de estar demasiado bien vestidas o poco vestidas. Un buen ejemplo de esto es uno de mis mayores iconos de todos los tiempos, la REINA DE CORAZONES, LA PRINCESA DIANA.

Como todas las mujeres, tenía millones de roles distintos: el de madre cariñosa, mujer independiente, icono de moda o un ejemplo e inspiración para millones de personas. No usaba el don de su presencia y estatus para su beneficio personal. Lo usaba para lograr un cambio para un mundo mejor. Su presencia traía esperanza a la desesperanza prácticamente en cualquier ocasión.

Esta bella Princesa nos dijo: "Creo que la mayor enfermedad que sufre el mundo hoy en día es la enfermedad de gente que no se siente amada. Yo sé que puedo dar amor durante un minuto, media hora, un día, un mes, pero puedo dar. Estoy muy feliz de hacerlo, quiero hacerlo." Entonces, fiel a su arquetipo, lo hizo. En Paz Descanse. Siempre serás amada.

La Reina posee un carácter excelente. El arquetipo de Reina es una combinación magistral de los rasgos femeninos y masculinos empoderados. Esa excelencia se refleja en sus elecciones diarias, las decisiones que toma a largo plazo y la habilidad de asegurarse que las cosas se completen y persistir hasta el final. Rasgos de carácter como la madurez emocional, amabilidad, ética, lealtad, benevolencia, paciencia, persistencia y una fuerza gentil pertenecen aquí, sin duda. Una Reina siempre se esfuerza por mejorar su perfil y es lo suficientemente humilde como para rectificar o disculparse cuando es conveniente. Su carácter es su mayor activo invisible sobre el que construye su vida y expone sus planes y visiones. Un carácter excelente desvanece la pereza ociosa, la ignorancia, la deshonestidad y el mantenerse ilusa. La importancia de tu carácter es un factor decisivo. Si no desarrollas excelencia de carácter, no serás capaz de individualizarte como mujer -expresando tu verdadero yo- y caerás en la renuncia de tus deseos cuando las cosas se pongan más complicadas.

El carácter excelente te hará seguir adelante cuando las demás se rindan, te ayudará a mantener la calma cuando las demás se desesperen y te permitirá seguir creyendo en ti misma cuando las demás duden.

Un gran ejemplo de una Reina con un carácter excelente son Madonna o Beyoncé. Su carácter excelente se traduce directamente en sus resultados y su impacto, y es más resistente que cualquier otra adversidad que hayan tenido que soportar durante el proceso de autodominio hacia la cima de su industria.

El poder infinito de las Reinas yace en su Valiente Corazón. Cuando se enfrentan a una decepción en una relación, se enfrentan a desafíos financieros en los negocios o al enfrentarse a una adversidad, las Reinas no se encogen ni se retiran del juego por miedo o dudas. Se empoderan desde dentro para superar la resistencia o el contratiempo y vuelven a la carga.

¿Qué significa empoderarse desde dentro?

"Entre estímulo y respuesta, hay un espacio. En ese espacio está nuestro poder de decidir nuestra respuesta. En nuestra respuesta yace nuestro crecimiento y nuestra libertad."
—*VIKTOR FRANKL*

La mayoría de las religiones y filosofías definen al individuo más bien como dependiente de circunstancias externas y a la suerte. El poder parece estar situado, mayormente, fuera del individuo. Parece que nos comportamos como si fuéramos limitados o destinados por el Poder Mayor. Al menos, el público general comparte esta opinión.

El Universo y la fuerza espiritual (Dios, Espíritu, Campo Cuántico) es ilimitado. No tiene límites. Puede convertirse en cualquier cosa y lo penetra todo. Aquí viene el mayor momento "AJÁ": incluso si divides una fuente de energía infinita en partes separadas, cada parte mantiene ese poder infinito en ella. Como un holograma cuando lo rompes en pedazos.

Estar empoderada significa aceptarte a ti misma teniendo TODO el poder dentro de ti. Buscar respuestas primero en tu Alma y contactar con tu intuición o con Dios sin culpar a los demás.

Una Reina tiene un sabio círculo de consejeros y expertos y, aun así, recuerda pensar por sí misma. Eso significa no renunciar a tu poder ni a la responsabilidad de tus resultados como creadora de tu realidad, incluso si es tu *coach*, mentor o tu madre. Una Reina es capaz de elevarse rápidamente de un estado emocional bajo o un mal desempeño gracias a su ágil autoconciencia y disciplina mental, sin ser "demasiado necesitada o desesperada por los demás". Además, una cualidad útil que contribuye a la autoconciencia es tener sentido del humor sobre una misma y estar suficientemente equilibrada como para transformar una situación estresante en una cómica.

Gracias a este entendimiento, podemos sacar estas conclusiones:

- **Nada va a pasar sin que tú lo elijas y lo reclames**: primero mentalmente, luego emocionalmente y después físicamente. Debes desarrollar una conciencia emocional momento a momento, tomar conciencia de qué tipo de emociones está fluyendo por tu cuerpo y seguir preguntándote: "¿Cómo elijo sentirme ahora mismo?"

- **Has creado y atraído todo lo que ha pasado en tu vida hasta ahora a través de tus pensamientos y tus patrones emocionales**, así como tus decisiones pasadas. La mayoría de las veces, simplemente reaccionaste a los eventos según la programación de tu infancia, intentando mantenerte protegida y evitando cualquier cosa que hubieses asociado inconscientemente con dolor, como: tener un exceso de dinero, estar en una relación, ser sensual o ser vista y reconocida públicamente.

- **Eres la única que puede definir el significado de cualquier experiencia**: ya sea empoderadora o no.

- **No hay víctimas ni culpables,** solo gente que se negó a tomar total responsabilidad por sus resultados externos cambiando sus percepciones internas. No son conscientes de sus reacciones emocionales predeterminadas y sus pensamientos inconscientes habituales. Cada vez que te declaras una víctima impotente al enfrentarte a una situación desafiante, niegas tu poder divino de crear tu realidad. Aún creas la experiencia, pero no te responsabilizas de ello diciendo que otra persona es responsable.

- **Tu energía se proyecta y se emite a través de tus creencias y emociones:** ambas representando las fuerzas creativas del miedo o del amor. Así que si tienes miedo de algo que pueda pasar, los más probables es que ya haya pasado. Tanto el miedo como el amor son energías centradas que atraen la gente, situaciones y eventos de la misma vibración.

Sé que algunas afirmaciones son bastante duras. Sin embargo, las cosas que no enfrentamos se convierten en nuestros límites. No hay peor ciego que el que no quiere ver.

Permíteme instruirte, a medida que continuamos, sobre qué puedes hacer para empoderarte desde dentro en un sentido práctico.

Una Reina sólo hace las preguntas que la empoderan, como:

"¿Cuál es la solución a esto?

¿Cómo PUEDO? ¿Cómo PUEDE ocurrir esto?

¿Cómo puedo superar este reto?

¿Cómo puedo responsabilizarme?"

Es capaz de corregir la dirección, sacar conclusiones y avanzar rápidamente.

Las Reinas no son víctimas de nada ni nadie. Proclaman una fuerte responsabilidad personal y al mismo tiempo están abiertas al apoyo, la provisión y la protección.

Pasemos ahora al último componente de la mentalidad de Reina:

La actitud de no a los dramas. Una Reina controla su mente y sus emociones. Esto le permite evitar problemas autoinducidos como pensar demasiado, reaccionar exageradamente o hacer una montaña de un grano de arena. Las Reinas no se asustan. No causan escenas histéricas llorando desesperadamente. No entran en pánico ni explotan a gritos en público. Una Reina es capaz de tomarse un momento para parar, respirar y elegir su respuesta apropiadamente, como una mujer sabia.

Un muy buen ejemplo de eso sería la actitud de la primera ministra del Reino Unido, una Reina Líder, Margaret Thatcher, conocida como "la Dama de Hierro". Lo que podemos aprender de la Señora Thatcher es a manejar nuestro estado emocional para ganar autoridad y confianza. Si superas el miedo y sigues adelante frente al criticismo, puedes conseguir cosas que otros han decidido que eran imposibles. La razón por la que la "actitud de no a los dramas" es clave para que seas la Reina, es porque no se puede confiar con poder y responsabilidad en mujeres emocionalmente inestables. Sólo aquellas que manifiestan una disposición complaciente y madurez emocional para afrontar retos y situaciones serán ascendidas a un estatus más alto.

¡Perfecto! Ahora que ya sabes la definición de la Reina, que has descubierto qué significa estar empoderada desde dentro y cuáles son las características base de una mentalidad de Reina, me gustaría enseñarte también mostrándote un fuerte contraste: Tu No-Reina.

LO QUE UNA REINA NO ES — TE PRESENTO A TU NO-REINA

"Si sacas lo que hay dentro de ti, lo que saques te salvará. Si no sacas lo que hay dentro de ti, lo que no sacas de destrozará"

— SANTO TOMAS

La No-Reina en tu interior es la identidad o parte de tu ser que funciona como menos que una Reina. Esa parte de ti que te mantiene fuera del juego, que acepta menos de lo que mereces, funciona por debajo de tu potencial, se esconde, anula tus deseos por la duda y se abandona en el peor de los momentos. Espero que entiendas la idea.

La razón por la que debemos arrojar luz sobre tu manera de ser No-Reina es porque es muy sigilosa y lista. Te aleja de tus sueños, te convence para que te rindas antes de haber empezado si quiera.

Como siempre enseñamos lo que queremos aprender, mi No-Reina puede colarse en el momento menos esperado y arruinar toda la fiesta o hacer que me encoja. No quiero que estés bajo la influencia y las dulces mentiras de la No-Reina de tu interior.

También quiero que te vuelvas consciente en este punto de que el viaje de "femenino herido" a Reina femenina empoderada se trata de sanar tu relación con el Masculino y de cuán grácilmente eres capaz de recibir. Se trata de ser capaz de recibir la grandeza que los hombres y las estructuras masculinas nos ofrecen. También se trata de cuán confiadas y dignas nos sentimos de recibir amor, apoyo y abundancia en nuestra vida.

Si quieres saber más, hablo de ello en profundidad en mi primer (absolutamente maravilloso) libro *"Riqueza del Alma"*[2] el cual, por supuesto, te recomiendo si no te lo has leído ya, para que te ayude a superar la tortura de repeler el dinero, a establecer una relación de apoyo con el dinero y a tener abundancia espiritual y financiera en tu vida.

Así pues, ¿estás preparada para desmitificarla? Vamos a por ello entonces.

A continuación, te presento más detalles de algunos arquetipos de No-Reina (La Niña pequeña, la Cenicienta, la Princesa) para que tengas una mejor idea, identifiques los patrones que aparecen en tu caso personal y, finalmente, transformes tus patrones de No-Reina y elijas más sabiamente, como me gusta decir ¡Sé una Reina al respecto!

Para que lo sepas, es muy posible que tengas más de una manera de ser No-Reina según las distintas áreas de tu vida. El objetivo de conocer tu No-Reina es reconocerla cuando aparece sin que nadie la llame y dejar que la Reina de verdad tome las riendas.

Por ejemplo, puedes ser una Niña Pequeña en tu relación y una Princesa en lo que a tu vida profesional se refiere.

---

2   "Riqueza del Alma": puedes obtenerlo en Amazon a través de este link: o directamente de mi página web: justinacarmo.com/libros

LA NIÑA PEQUEÑA

El primer arquetipo de No-Reina que he observado a través de mi experiencia con mis clientas privadas y trabajando con grupos de mujeres es **la Niña Pequeña.**

A menudo, las mujeres se quejaban de ella así: *"Me gustaría, pero... a veces me siento como una Niña Pequeña indefensa, que no parece ser capaz de hacer nada al respecto".*

Una mujer en este estado vive mayoritariamente inconsciente de sus pensamientos, emociones y deseos. Normalmente reacciona exageradamente ante el estrés, estalla y se siente impotente cuando se enfrenta a adversidades. No es consciente de la programación inconsciente que dicta su comportamiento. A pesar de ser una mujer adulta, sus partes heridas la hacen comportarse como una niña ingenua, con rabietas emocionales, y siendo una niña pequeña financieramente, evitando responsabilidades a toda costa. Delega la responsabilidad de sus resultados y pospone la necesaria, aunque a menudo dolorosa, transformación.

Internamente, se siente abandonada, amenazada o incluso emocionalmente huérfana de su madre y es inhibida por las demandas de ésta sobre ella.

PATRONES DE NO-REINA de la Niña Pequeña:

Victimización: ***"Necesito que me cuides, que te segures que soy feliz porque yo no puedo, porque soy una niña pequeña"***

LA CENICIENTA

El segundo arquetipo de No-Reina lo conocemos bien desde nuestra infancia, de nuestros cuentos de hadas, **Cenicienta.**

Una mujer en su fase de **Cenicienta** hará lo que sea para obtener aprobación puesto que no cree que pueda hacer nada. No tiene estándares definidos. Dará libremente, pero es incapaz de recibir libremente. Ha usado su sexualidad a modo de manipular a los hombres o de demostrar su valía, sin valorarla como algo sagrado.

Vive en un estado de autonegación, limitada aún por sus heridas del pasado de las que no se ha curado, se centra en sobrevivir puesto que vive en un patrón constante de "no suficiente" y anhela encontrar un sitio seguro donde sentirse a salvo y donde pertenecer al fin. No se considera digna de amor profundo ya que se siente inferior y en cierto modo inadecuada.

LA PRINCESA

Las mujeres de hoy en día están afectadas frecuentemente por un tercer arquetipo de No-Reina, el de **Princesa**. Aceptar y entender cómo asumiste cada una de las energías arquetípicas particulares puede ayudarte a sanar lo que está pidiendo ser sanado a gritos dentro de ti para que puedas convertirte en la versión más potente de ti misma.

La **Princesa** es dependiente y necesitada. Se comporta de manera dulce e inocente. Puede parecer "malcriada" por su actitud de creerse con ciertos derechos. A menudo carece de gratitud y apreciación. Quiere ser admirada y mimada, sin embargo, no está preparada todavía para estar al servicio ella misma.

Absorta en sí misma pero vibrante. Espera pacientemente al Príncipe Azul, y también espera que los demás hagan cosas por ella. Todavía tiene que aprender a trabajar con su poder interior. Espera tontamente a que algo o alguien la rescate. Su potencial estará dormido hasta que despierte por una crisis vital o una época desafiante. Sólo entonces tendrá la oportunidad de transformarse de princesa a reina. En realidad, sin embargo, muy a menudo la Princesa se queda atrapada como Princesa de por vida.

Entonces, ¿cómo empezar a pensar como una Reina?

Entrar en tu conciencia de Reina significa dejar atrás la mentalidad de víctima. La retención. Dejar de ser necesitada. De necesitar dramas. De rebajarte. Librarte de la codependencia. La hipersensibilidad y de ser demasiado emocional.

Empiezas a pensar como una Reina en el momento en que te vuelves consciente de que eres una. Admites Su presencia dentro de ti y le permites expresión en el exterior. Empiezas a reconocerla después de todos esos años o décadas reprimiéndola. Respira profundo y relaja los hombros. Aunque tu cuenta bancaria no pueda estar más lejos de la realeza, tu pelo y aspecto actual nada más lejos que gloriosos, y las circunstancias de tu vida estén muy lejos de ser majestuosas.

¡Te estás convirtiendo en una Reina! ¡Estoy tan emocionada por ti! Así que continuemos con tu entrenamiento real…

EJERCICIOS PARA VOLVERTE REINA /VR/

EJERCICIO VR #1:

Conoce a tu No-Reina:

Después de haber leído la parte de arquetipos de No-Reina ya estás más familiarizada con tu parte femenina desempoderada. El propósito de este ejercicio es prevenir tu No-Reina de sacarte del juego y que te pierdas tu mayor destino:

Toma la siguiente página de este libro. Dibuja a tu No-Reina. Imagina esa versión de ti que sigue desempoderada, sintiéndose impotente y manteniéndote alejada de tu deseos.

Ve hasta el fondo:

1. ¿Cuál es el mensaje/la visualización de tu No-Reina?

2. Toma contacto con ella y visualiza su perfil, dibuja esa entidad que te está robando de tu verdad, tu poder, tu destino, todo de lo que eres capaz, la que está arruinando tu vida.

3. Sé clara sobre quién es ella, visualízala, toma el mensaje de quién es este demonio, qué pinta tiene, qué te dice. Dibuja lo que ves y oyes. Escribe en tu diario sobre tus momentos "AJÁ" y cualquier patrón que haya aparecido en este ejercicio.

EJERCICIO VR #2:

Revela la Reina de tu Interior:

Ahora, exploremos tus patrones y paradigmas actuales.

¿Qué te frena para empoderarte a ser la Reina?

¿De qué maneras no estás viviendo como la Reina de tu vida, ahora?

Haz una lista de 10 formas específicas de cómo no estás viviendo como la Reina:

1.

2.

3.

4.

5.

6.

7.

8.

9.

10.

Haz una lista de 10 cosas que te asustan de vivir como una Reina:

(A continuación, tienes algunos ejemplos, para hacerte una idea)

a) Miedo a ser juzgada como vanidosa o que estoy malgastando mi dinero

b) Miedo de ir a por ello, saltar y comprometerme al 100%

c) No ser atrevida, no ir a por todas, miedo de ser vista de verdad

d) Tomar los riesgos necesarios

e) Romper mi paradigma de una vez por todas

Tus 10 miedos a vivir como una Reina:

-

-

-

-

-

-

-

-

-

-

MEJORES PRÁCTICAS PARA IMPLEMENTAR DE INMEDIATO:

A. Empodérate a través de tus PALABRAS. Permite que tus palabras te honren a ti y a tus deseos. Deja que tus palabras sean amables, gentiles y respetuosas, primero hacia ti misma. Evita declaraciones duras que te desvalúen o te rebajen. Ejemplos:

SÍ:

NO:

B. Empodérate a través de tus DECISIONES. Cuando tomes una decisión, empieza a considerarte de verdad, tu propia comodidad y tu Alma, cuando antes simplemente te resignabas. Pregúntate: "¿Qué QUIERO de verdad, de verdad, de verdad?"

C. Empodérate a través de tu ATENCIÓN. Lo que merece tu atención, la obtiene. Lo que no merece tu atención es ignorado. Respétate lo suficiente como para no darle cuerda al cotilleo en vano, evitar los *inputs* negativos de las redes sociales y dirigir tus pensamientos hacia tus resultados más deseados y las cosas y pensamientos que realmente te traen placer.

NOTAS:

CAPÍTULO 2

LAS REINAS AMAN EL PROGRESO

"Una maestra no se aleja de sus retos, sino que los acoge.

Los mira de cara y dice "mi Alma es mayor que esto".

Viniste a enseñarme lecciones de dominio. Viniste a mostrarme que soy capaz de mucho más.

Viniste para bendecirme, porque debo levantarme y enfrentarme a ti. Y lo haré. Y hasta me sorprenderé a mí misma con lo que soy capaz de superar y de qué maneras más innovadoras e increíbles puedo transcender viejos patrones".

—JUSTINA CARMO

Una Reina sólo conoce una dirección: adelante.

En el juego de ajedrez la figura de la Reina es la pieza más poderosa. Puede moverse en cualquier dirección: adelante, hacia atrás, de lado o incluso en diagonal, tan lejos como sea posible. Del mismo modo, en la vida, una mujer despierta ante su conciencia de Reina se trata de crecimiento y cambio de dirección estratégicos para poder avanzar.

Una mujer así anhela el progreso en todas las áreas de su vida.

A menudo, la situación en la que se encuentra puede ser emocionalmente desafiante o incluso tratar de tentarla a conformarse simplemente con el *estatus quo* de los que están a su alrededor, y aun así ella no tiene prejuicios a la hora de expandir su contribución, el estatus y el reino que está creando.

Pero, a decir verdad, avanzar a pesar del miedo y las adversidades requiere mucho coraje espiritual. El coraje es un acto consciente de negarse a seguir con miedo. El reto consiste en superar tus viejos patrones de abandonarte emocionalmente cuando te sientes provocada, de esconderte cuando estás expuesta, de seguir asustada con respecto a tus finanzas o de seguir cerrando tu corazón como un acto de autoprotección.

Con el coraje de una Reina, ella está más que dispuesta a hacer lo que sea necesario para avanzar hacia un nuevo nivel y conseguir progreso en su vida. Esto significa: enfrentarse cara a cara con sus miedos y aplastarlos. Afrontar la verdad sobre sus decisiones financieras, superarlo y compensarlo. Desafiar esa parte vieja de su personalidad que se resiste a las cosas que desea. Hablar su verdad con amor y comprometiéndose a tomar acciones imperfectas y asegurarse que sean llevadas a cabo.

Lo contrario al crecimiento y el progreso es la inercia y el estancamiento.

En este estado, te conformas pasivamente a la realidad externa, reaccionando a ella en vez de co-crear conscientemente con el Universo. Co-creas invocando en el momento presente la emociones y el estado mental de tu futuro ser en el que quieres convertirte. Por ejemplo, sentimientos de paz y de estar bien provista con respecto a tu dinero.

Por el contrario, creas inercia en lugar de progreso cuando día tras día, mes tras mes sigues reaccionando con las mismas emociones (a menudo inconscientes) de descontento y frustración, recreando, por tanto, más de lo mismo.

Para cambiar tu realidad, tienes que ignorar tu realidad por un tiempo.

No quiero decir con esto que debas estar completamente fuera de contacto con ella. En cualquier momento podemos o bien asustarnos solas con nuestros pensamientos de un futuro peligroso, o calmarnos con pensamientos de paz. Si seguimos los primeros, nuestro cuerpo producirá una reacción de estrés y aparecerán sentimientos de miedo y ansiedad. Tales estados emocionales son simplemente más familiares para nosotras, puesto que hemos sido condicionadas a vivir en el miedo en muchas áreas de nuestra vida. Te diré más, nuestros cuerpos anhelan la química emocional de tales estados. Sin embargo, lo que tenemos que hacer es desconectarnos de estas viejas emociones e instalar unas nuevas.

"No puedes ir hacia el futuro con tu biología del pasado"
—JOE DISPENZA

Así que, en vez de ello, durante algún tiempo, simplemente deja de reaccionar con viejos pensamientos de queja y emociones amargas y empieza a encarnar nuevas sensaciones de paz, alegría y gratitud y pensamientos de seguridad, amor y conexión con Dios.

:: No puedes generar riqueza mientras sigues teniendo pensamientos de c*rencia en tu mente y sentimientos de pánico en tu cuerpo.

No puedes generar amor si aún sigues teniendo pensamientos de resentimiento y culpa en tu mente y sentimientos de tristeza y abandono.

No puedes generar un cuerpo bello mientras sigas teniendo duros pensamientos de autocastigo y criticismo en tu mente y sentimientos de repugnancia, deficiencia e inseguridad ::

Lo que nos mantiene atrapadas es nuestro miedo a la insuficiencia. La negación de nuestro propósito más profundo cuando nuestra Alma anhela la autoexpresión.

Frenamos nuestro progreso como mujeres sabias e inteligentes contándonos a nosotras mismas cuentos desalentadores sobre cómo no somos lo suficientemente buenas (todavía), y pensando que no merecemos nada mejor que esto. Al creer que somos incapaces de elevarnos más allá del problema que nos ha estado frenando, nos deshacemos de nuestro poder sin intentarlo si quiera. Como resultado, acabamos sintiéndonos inadecuadas para el propósito que Dios ha designado para nosotras. Caemos en extremos o pensando que somos "muy poco" o queriendo "demasiado".

¿Has sido etiquetada alguna vez como "demasiado"? Que quieres demasiado, hablas demasiado o eres demasiado… Estoy segura de que sí.

NADA ES DEMASIADO PARA TI NI PARA TU DIOS.

Sin embargo, la ironía es que en el fondo sentimos que somos demasiado poco para el papel o no lo suficientemente buenas para los ardientes deseos de nuestro corazón.

El Universo te ha estado preparando durante décadas para esta elevación en tu conciencia. Para que tomes la Máxima Expresión de tu Alma.

NADA sobre ti fue al azar. En el pasado puede que culparas tu dura infancia, tus experiencias problemáticas con tus padres, tu aspecto imperfecto o tus tambaleantes problemas financieros. Lo entiendo.

Es hora de que descubramos la verdad sobre tu destino. Has sido creada, totalmente a propósito, en la justa medida para la misión única de Dios que tú, y SÓLO tú, puedes cumplir. Dios no comete errores.

Empezando con tu aspecto, tus orígenes, tu familia, tus antecedentes culturales y acabando con las luchas y obstáculos en tu vida, todo eso representa tus recursos internos y estaba destinado a entrenar tu resistencia espiritual. Algunas veces ha tenido que ser muy duro e inhumanamente difícil para ti superar los golpes de la vida, pero bueno…

:: ¿Y si todo eso por lo que has pasado, te ha estado preparando justo para las cosas que pediste? ::

Has estado totalmente equipada desde que naciste para cumplir tu destino. Lo tienes todo para tener éxito. Fuiste hecha a la perfección para tu destino único. Sin embargo, te niegas a ti misma, disminuyes tu misión en el mundo, te abandonas en el miedo y te retiras del juego, anulando tus deseos; también estás negando a DIOS.

Si te niegas a ti misma, tu crecimiento y tus talentos, estás negando a tu Creador.

En realidad, estás bloqueando todas las bendiciones que el generoso Universo ha preparado para ti. Todas las posibilidades, las personas de apoyo y los milagros. En un ansia desesperada por aprobación, puede que incluso sacrifiquemos nuestra manera única de ser en este mundo (aspecto, palabras, comportamientos) para complacer a los demás.

NO TIENES QUE COMPLACER A LOS DEMÁS. COMPLACE A DIOS.

Establezcamos, entonces, la intención de hacer las paces con tu pasado tumultuoso, ¿te parece?

Lamentablemente, muchas veces en nuestra vida diaria nos encontramos en situaciones en las que damos vueltas y vueltas con nuestros viejos patrones de pensamiento y eso nos causa un estado de inercia. Recreamos, inconscientemente, más y más de lo mismo al elegir los mismos viejos sentimientos, las mismas viejas emociones y el mismo cuento de víctimas.

Nos vemos incapaces de elegir un plan de acción claro e ir a por ello. Después de todo, obtenemos lo que toleramos. Toleramos lo que creemos que merecemos. Según mis observaciones, demasiadas mujeres hoy en día tienen una tolerancia demasiado alta para el dolor, el agotamiento y las molestias innecesarias en su vida.

¿Alguna vez te has sentido atrapada durante años en una situación a la que simplemente no sabías cómo hacer frente, hasta que un día tomaste una decisión clara: ¡ya está! ¡se acabó!?

¿Alguna vez te has resistido a tu propio progreso por miedo a lo desconocido y la duda a seguir adelante? ¿Has malgastado tiempo manteniendo tus alegrías y deseos en espera? ¿Esperando y esperando que las cosas cambiasen por sí solas para poder vivir tu mejor vida "algún día, cuando…"? Y, por último, ¿te has sentido alguna vez harta de frenarte a ti misma ante lo que realmente querías y sabías que debías hacer?

Todas hemos pasado por ello.

Hemos escuchado las voces de nuestra Cobarde interior en vez de la de nuestra Reina Interior. En lugar de despertar de nuestro letargo y hacer algo radical para transformar la situación de nuestra cuenta bancaria, errores en nuestros negocios o nuestro cuerpo, hemos soportado el estancamiento durante demasiado tiempo, acostumbrándonos simplemente a su deterioro. Nos ha costado dinero, años de juventud y nuestra salud emocional.

Mi propósito para nuestro tiempo juntas en este capítulo es que salgas de cualquier engaño o letargo por el que puedas estar pasando ahora en tu vida o que solía mantenerte atrapada.

En este capítulo, te enseñaré lo que significa "Ser una Reina al respecto" y cómo alentarte a ti misma para tomar acciones que eleven tus estándares y tus resultados.

¿Preparada para destrozar algunos de los viejos bloqueos que te mantuvieron en el mismo sitio durante años? Ya es suficiente. ¡Pasemos a nuestro trabajo transformador juntas!

MÁS FUERTE QUE LAS EXCUSAS. MÁS GRANDE QUE EL MIEDO.

Primero, me gustaría que prestaras atención a cómo tu charla interna crea tu mundo exterior.

La mayoría del tiempo, lo que te mantiene atrapada es tu crítica interna, demandando perfección. ¿Mi solución? Adopta una política de "hazlo de todos modos". Enséñate el hábito de tomar acciones imperfectas una a una. Toma impulso de tus imperfecciones y sigue perfeccionándolas a medida que avanzas. ¿Asustada? Bien. Hazlo de todos modos. ¿Un mal día? Bien. Hazlo de todos modos. ¿No te apetece? Bien. Hazlo de todos modos.

:: No temas no ser perfecta. Teme no ser a propósito ::

Prefiero que tomes 10 pasos incorrectos a que sobreanalices tomar uno correcto, mientras alguien espera a ser servida e inspirada por ti. Mientras alguien anhela tu presencia. Mientras alguien está rezando para que alguien como tú aparezca en su vida.

LOS MIEDOS QUE NO ENCARAS SE CONVIERTEN EN TUS LÍMITES.

Aclaremos ahora algunos arquetipos de nuestras voces interiores:

La Cobarde, la Saboteadora, la Soñadora y la Guerrera.

El arquetipo de Cobarde es la sombra polar pasiva de tu Heroína. Una mujer bajo el control de su arquetipo carece de coraje y frena su propia iniciativa. Evita las confrontaciones y no tiene fuerza para defenderse a sí misma.

Lo admito. Yo he sido una Cobarde muchísimas veces en mi propia vida. Solía abandonarme emocionalmente, negaba mi propia voz en el mundo e incluso sentía miedo por todo el cuerpo antes de revelar mis libros al mundo.

La Cobarde protege las partes miedosas y asustadas de nuestra personalidad. Nos mantiene siendo menos de lo que estamos destinadas a ser y bloquea la intimidad que estamos destinadas a experimentar.

Gary Zukav, autor reconocido internacionalmente, enseña que las partes asustadas de nuestra personalidad causan nuestro dolor de impotencia, aislamiento y separación. El potencial dentro nuestro que no puede atravesar las capas y capas de miedo, con el tiempo se vuelve en frustración, resentimiento, desesperanza, rabia e ira.

Por lo tanto, nunca permitas que el arquetipo de Cobarde te disuada o desanime, ya que su propósito es retrasarte y desalentarte con sus mentiras suaves pero engañosas:

"Todavía no estoy preparada"
"No estoy lo suficientemente preparada"
"No tengo tiempo"
"Simplemente no sé cómo"
"Lo haré más tarde"

La Saboteadora en tu interior es la que más teme al cambio, especialmente si ese cambio reorganizará toda tu vida. Le encanta echarse para atrás en el último momento o incluso tirar la toalla por resignación a pesar de todo el trabajo y preparación. Está conducida por nuestros miedos internos de sobrevivir en la realidad física y salir adelante. Resiste el avance hacia un nuevo nivel porque se siente mucho más cómoda con el mismo cuento viejo de sufrir pero pertenecer (principalmente a las formas de hacer la vida de nuestra familia de origen, a nivel subconsciente).

Cuando tu Saboteadora interna te domina, puede hacerte perder oportunidades, malgastar dinero o cerrar tu corazón. Te manipula y te controla a través de las dudas de no poder pagar tus facturas, perder tu posición estable o tu *estatus quo*, cuestionándote por no ser lo suficientemente buena para la relación de tus sueños.

Es una maestra de inventar historias dramáticas que tienen muy poco que ver con tu realidad pero que te hacen dudar de tus instintos. Te insta a abandonar, a rendirte o a posponer tus sueños por miedo de que no seas suficientemente buena y fracases. Con el tiempo, la Saboteadora intentará alejarte de cualquier persona, lugar y situación que pueda hacerte feliz con tu diálogo interno, así:

"¿Y si no funciona?"

"¿De qué sirve?"

"¿Y si fracaso?"

"¿Y si no merece la pena todo el tiempo/esfuerzo/dinero gastado?"

"¿Y si estoy cometiendo un error?"

¿Tienes que llamar a tu Guerrera interior para poder avanzar?

En tiempos de desesperación, llama a tu Guerrera interna. Cuando era pequeña estaba fascinada por la figura de Xena, la Princesa Guerrera. Admiraba su intrepidez, su coraje femenino y su habilidad para expresar y concentrar su rabia en la lucha por una causa justa.

La lección que la guerrera nos ofrece es que profundizar en nuestra feminidad no supone volverse indefensa o reprimir nuestra fuerza por completo. Sino que se trata de tener acceso a ello siendo prudente, estando alerta y siendo consciente de cualquier peligro potencial. La Guerrera no se rinde ante el pánico o la angustia, esperando simplemente morir. Ella lucha. Patea traseros.

La energía de nuestra Guerrera interior nos permite reconectar con nuestros instintos sanos como: no aguantar maltratos, el autosacrificio crónico o ser humilladas. La Guerrera protege nuestros límites y nos da el impulso para reunir la fuerza para luchar finalmente por la solución para preservar la vida que a menudo es tan necesaria.

Cuando activamos y tomamos la energía del espíritu de Guerrera dentro nuestro, somos capaces de reclamar nuestro poder y combatir las adversidades, nos sentimos con los pies en la tierra y valientes. Nos permite ganar fuerza y levantarnos después de los mayores fracasos. Ella sigue adelante a pesar de las heridas y toma un gran y valiente salto de confianza hacia el misterio de lo que está destinado para nosotras.

La Guerrera de nuestro interior nos permite darnos cuenta cuando nuestra energía se está agotando. No tiene miedo de dibujar una línea en la arena. De cortar por lo sano. Nos ofrece su habilidad de establecer límites sanos con los demás, y crear hábitos de vida que protegen nuestra energía y crean harmonía emocional.

Deja que tu Guerrera interior hable:

"Esto es lo que estamos haciendo. Tú vas a ayudarme. Sin discusiones. Tú has tomado una decisión, fin del asunto."

Disfruta de los buenos momentos y esfuérzate en los más desafiantes. Si tu proyecto falla, empieza a trabajar en otro. Si una relación fracasa, crece con ello y desarrolla otra.

Emite una Radio de Éxito consciente en tu mente.

Esboza tu trabajo. Planifica. Trabaja con constancia hacia la meta.

Si eres una persona intuitiva permitirás que tu Saboteadora o tu "presentimiento" tomen control y te dominen.

ACCIÓN. ACCIÓN. ACCIÓN.

El arquetipo de Filósofa o Buscadora Eterna puede confundirte con mensajes como:

"Necesito considerar todas las opciones"

"Tengo que tomarme mi tiempo y revisar la situación"

"Todavía necesito más información"

Recuerda, sé una Reina al respecto.

Mantén siempre en mente que el rol de la Reina es el de servir. Eres la sirvienta del reino que has creado. Al fin y al cabo, estás aquí para proporcionar tu noble servicio.

Soy una mujer que puede tener más poder.

Persuade TODAS las partes de tu mente y alma para perseguir tu sueño, de lo contrario, no lo conseguirás.

Tienes que hacer esa gran cosa, a menudo aterradora, que realmente te dará lo que deseas.

EL CAMINO MÁS CORTO, MÁS AUDAZ Y MÁS DIRECTO

EJERCICIOS PARA VOLVERTE REINA:

1. Identifica qué arquetipo de No-Reina (la Cobarde, la Filósofa, la Princesa, la Saboteadora) te hacen perder tu poder. ¿De qué manera? ¿Cómo te hace actuar en la vida este arquetipo? Escribe a continuación:

2. ¿Cuál es la acción más audaz que puedo tomar para haccer mu deseo realidad?

3.¿Qué tengo miedo de hacer, pero sé que debo hacerlo

CAPÍTULO 3

LAS REINAS VAN A POR TODAS

"Se te está presentando una ELECCIÓN: evoluciona o sigue sufriendo. Si eliges seguir sin cambiar, experimentarás los mismos desafíos, la misma rutina, las mismas tempestades, las mismas situaciones y el mismo dolor, hasta que aprendas de ellos.

Hasta que te ames lo suficiente para decir "basta".

Hasta que elijas cambiar. Se te proporcionará todo lo que necesitas.

Elige evolucionar."

— CREIG CRIPPEN

E s sorprendente cuánto dolor podemos soportar por mantenernos en nuestra zona de confort. Pero la cueva a la que temes entrar contiene el tesoro que buscas.

Veo a muchas empresarias tolerando a obtener 0 ingresos en sus negocios durante meses. Mujeres inteligentes que se quedan demasiados años en una relación fallida. Otras que simplemente se rindieron ante la deuda en vez de aumentar ferozmente sus ingresos. O las personas más talentosas que conozco, escondiendo sus superpoderes sólo porque se les enseñó a permanecer en el medio.

UNA REINA INSISTE EN SU AVANCE

Afortunadamente, cada dolor tiene un punto de inflexión. Ese momento en que el dolor se vuelve insoportable. El momento en que, para ti, se ACABÓ seguir siendo herida. Te das cuenta de que este dolor ya no tiene sentido. Y aún así, no hay crecimiento sin presión. Luego, te das cuenta de que a partir de ahora prefieres crecer a través de la alegría y el amor en vez del dolor y el miedo. Sería mucho más fácil soltar ese dolor si hubieses prestado atención desde el principio. Una cosa está clara. La auto-tortura y masoquismo pertenecen a la Edad Media. No a nuestro siglo XXI. La lucha y el sufrimiento son opcionales. No hay necesidad de dignificarlos más. No se otorgan precios a *"Mejor Mártir del Año"*.

La vida debe ser fácil, divertida y alegre. Busca el placer en avanzar. Permítete disfrutar del viaje del devenir. Haz que valgan la pena tu sonrisa y un corazón completamente abierto.

Siempre estás a UNA decisión de una vida completamente diferente. Esa decisión siempre implica compromiso. Exactamente lo mismo que resistes.

Esperas con miedo a comprometerte, posponiéndolo, puesto que ese compromiso era la cosa más peligrosa que podía dañarte. Pero no. Es exactamente lo que te construye. A UNA sola decisión. De una vida totalmente diferente. Sigue preguntándote *"¿Cuán comprometida estoy a este sueño? ¿Cuán comprometida estoy?"* Deja que la respuesta te hiera. Y te sane. Examina tus miedos y abraza tu coraje.

¿Qué miedos se interponen en tu camino? ¿De dónde sacaste estos miedos? ¿De la familia o amigos? Asigna un color a tu miedo. Luego asigna un color a tu coraje. ¿Cuál brilla más?

Enumera tres cosas que puedes hacer para superar los bloqueos que la Sombra de la Cobarde tiene sobre ti. Divídelos en pequeños pasos para empezar a cambiar tu relación de miedo a fé.

UNA MENTE PROGRESISTA SIGUE PREGUNTÁNDOSE "¿CÓMO PUEDO?"

Tu mente es tu mayor activo en la vida. Tu bien más preciado. Tienes que empezar a poseer ese espacio, porque ningún pensamiento vive en tu mente sin coste. Cada pensamiento tiene una consecuencia. Eso significa que tienes que entrenarte para ser más y más consciente de qué tipo de pensamiento estás permitiendo que pasen por tu mente porque provocarán las emociones respectivas.

No hay sitio para pereza mental en la mente de una Reina.

Ella es feroz y no se disculpa por albergar sólo pensamientos que fortalecen su autoestima, su autoconfianza y su capacidad para tener éxito a su manera. Atrapa los malos pensamientos en un instante y los reemplaza con pensamientos que suman a su fuerza y reflejan la verdad de Dios sobre ella. Se ha entrenado para salir de la reacciones de miedo inconscientes que solían aterrarla en el pasado y en su lugar practica sentir lo que realmente desea sentir, a pesar de las circunstancias. Invoca sus sentimientos de paz, amor y estar bien provista.

Una mujer se encuentra atrapada y frenada en su vida cuando se vuelve mentalmente perezosa, permitiendo que las circunstancias externas u otros controlen sus reacciones emocionales. O si lo prefieres, que la saquen de quicio. Como resultado, sus condiciones de vida y su salud mental siguen degradándose.

¿Cuál es el factor clave que falta y que mantiene a la futura Reina atrapada en un lugar muy de No-Reina?

No ha DECIDIDO realmente, todavía, salir de su atrapamiento. ¿Por qué? Hay algunas ventajas inconscientes en quedarse en una situación aparentemente incómoda. Por ejemplo: no hay que enfrentarse a lo desconocido, no hay que salir de la zona de confort, atención emocional, etc.

UN AVANCE REQUIERE UNA DECISIÓN VERDADERA SEGUIDA DE ACCIÓN.

¿Qué significa decidir verdaderamente? Significa eliminar <u>CUALQUIER</u> otra opción. No estar disponible para cualquier otra alternativa distinta a la que elegiste. Tomar una decisión verdadera significa seguirla con MUCHA ACCIÓN, ATENCIÓN y DEDICACIÓN.

Cuando escuchaba a mis mentores decirme *"Todavía no lo has decidido"* o *"Es porque no has tomado una decisión de verdad aún"* mi Alma rebelde se enfadaba mucho. *"¿Cómo que no?"*, pensaba yo.

Pero la verdad es que sólo decides cuando eliminas CUAL-QUIER otra opción, posibilidad y comportamiento contrario a tu DECISIÓN. No estás dispuesta para nada a tener números rojos en tu cuenta, a pasar meses de ingresos 0 en tu negocio o a estar demasiado rellenita para tu vestido favorito.

La clave es que tú DECIDAS desde el fondo de tus ENTRA-ÑAS. Que te plantes y digas desde el fondo de tu ALMA que se ACABÓ. Ni un segundo más perpetuarás este estado de ser. Que una NUEVA ERA empieza AQUÍ y AHORA.

El problema es que con demasiada frecuencia necesitamos un DOLOR INMENSO y una crisis para decidir. Piénsalo: *¿Qué decisión, que sé que TENGO QUE TOMAR porque de lo contrario me quedaré estancada, no he tomado todavía?*

Sé lo suficientemente atrevida para decidir. Has estado evitando esa decisión durante años. Nada mejora sólo esperando. Todo mejora al DECIDIR realmente mejorarlo.

TU FELICIDAD DEPENDE AL 100% DE TU DISCIPLINA MENTAL
+ ESTADO EMOCIONAL

Una mente mediocre siempre tiene excusas para evitar la acción. Es adicta a su tan bien conocida y cómoda inercia, ya sean finanzas agotadas, una vida sentimental arruinada o sobrepeso y negligencia física de por vida. Y esa no eres tú. Tal mente se dedica a mantener las cosas tal y como están, a pesar de la devastación que causa a largo plazo, y resiste lo que podría devenir y crear. Cuando tenemos miedo de avanzar, negamos nuestro llamado verdadero, la Verdad de nuestra

Alma. Entonces, para compensar, enmascaramos ese miedo con distracciones como teléfonos, horas y horas en *YouTube*, comida, vagar absortamente por *Facebook*, etc. Sin embargo, la verdad es que detrás de cualquier distracción compulsiva yace el miedo. Terror máximo a ser quien estamos destinadas a ser, las Reinas de nuestra vida divina.

Una Reina se niega a aceptar la mediocridad en su pensamiento, conducta y comportamiento. Está muy por encima de sus propias historias limitadoras, puesto que se ha comprometido a maximizar su potencial.

Es por eso por lo que un enfoque mucho más de Reina consiste en ser cuidadosamente selectiva con tu manera de pensar sobre ti misma y practicar conciencia emocional momento a momento. Esto quiere decir darse cuenta de qué estados emocionales estás experimentando y están fluyendo por tu cuerpo (tristeza, miedo, rabia, etc.) y elegir conscientemente cómo quieres sentirte en realidad. En pocas palabras, responder en vez de reaccionar. Para ser más precisas, tienes que aprender a desterrar de tu mente los pensamientos duros, ofensivos y críticos sobre ti misma, así como los pensamientos sobre fracaso, p*breza o amargura. Y eso conlleva trabajo interno y controlar tu enfoque mental.

¿Las razones de esto? Lee a continuación:

MISMOS PENSAMIENTOS + MISMAS EMOCIONES = MISMOS RESULTADOS

NUEVOS PENSAMIENTOS + NUEVAS EMOCIONES = NUEVOS RESULTADOS

Déjame mostrarte un ejemplo de cómo sería esto en términos prácticos:

Digamos que te encuentras en una situación financiera problemática y que has ido corta de dinero durante mucho más tiempo del que puedes permitirte (¿quién no ha pasado por ello?).

A medida que vas viendo menos y menos dinero en tu cuenta bancaria (un hecho externo) como resultado de tus decisiones y pensamientos del pasado, empiezas a sentirte insegura, con pánico, ansiedad o miedo (viejas emociones que has estado condicionada a sentir alrededor del dinero).

Como resultado, continúas asustándote tú sola con una visión de un futuro desesperado que sólo agrava tu estado de ser y a través de tus emociones y la Ley de Atracción, continúas perpetuando esa desagradable situación.

¿Qué haría una Reina en lugar de eso?

#Regla de Reina #1:

Una Reina conoce sólo una dirección: ADELANTE.

Una Reina está alerta. Está en contacto con sus instintos. Siempre está lista para redirigir. Su progreso es innegociable para ella. Por lo tanto, incluso en circunstancias tan desafiantes como esta, eleva su conciencia por encima de sus problemas. Ha aprendido a controlar sus emociones y practica sentir el estado emocional que quiere experimentar. Sólo está dispuesta a sentirse en paz y bien provista con respecto a sus finanzas. Por eso no se asusta ni entra en pánico. Con el poder de la intención ella reclama su poder. Está ansiosa por encontrar soluciones por sí misma sin caer en dramas innecesarios. Una Reina sabe que los pensamientos viejos sólo traerán más de lo mismo. Así que ella empieza a plantar en su mente pensamientos prósperos y alentadores y, a través de ello, invoca una emoción distinta: la de paz y seguridad. Como resultado de su estado de ser (la combinación de sus pensamientos + emociones) puede tomar acciones empoderadas e implementarlas rápidamente.

SER UNA REINA AL RESPECTO

Ella es una Reina al respecto. Eso significa que es 100% responsable de sí misma y es la que crea sus resultados, para bien o para mal. Ser una Reina al respecto también quiere decir afrontar los hechos con dignidad, con la cabeza bien alta en vez de esconderse o evitarlo. Con el poder de la intención, elige cambiar su percepción de miedo a amor. Elige ya no estar asustada sino estar en paz. Y por eso, elige mostrarse y ser mayor que sus circunstancias en vez de caer presa de ellas y desesperarse.

Una mujer con la conciencia de Reina sigue preguntándose cosas que expandan su creatividad y construyan su resistencia interior. Su diálogo interno es sano y reforzante. En contraste, una mujer con una conciencia rota se torturará profundamente culpándose constantemente, con pensamientos de castigo y asustándose ella sola con imágenes de fracasos futuros. Todas podemos hacerlo mucho mejor. Seamos Reinas al respecto.

EJERCICIOS PARA VOLVERTE REINA:

En tiempos de desafíos necesitamos buscar dentro para encontrar las respuestas a estas 2 preguntas de autoempoderamiento:

1. *¿Qué quiero realmente de verdad en esta situación?*

2. *Dios/Alma/Universo, ¿Qué quisieras que haga ahora?*

Toma tu diario. Un bolígrafo. Respira profundamente. Coloca una mano sobre tu corazón. Conecta con él. Permite que las respuestas vengan a ti una a una.

La primera pregunta te centra en tu resultado deseado en vez de hurgar en le problema que te mantiene paralizada. La segunda pregunta te libera de la autocompasión y te empodera para recibir Orientación Divina.

"Cuando sientas que dudas de cuán lejos puedes llegar, simplemente recuerda cuán lejos has llegado."

3. IDENTIDAD DE REINA: piensa en tu objetivo y el obstáculo que quieres superar. ¿Quién es la mujer que lo ha hecho

con éxito? Entonces pregúntate: ¿Qué mujer decido encarnar hoy?

Ejemplos:

- La mujer que puede tomar decisiones duras y desafiantes.

- La mujer que trabaja de manera efectiva.

- La mujer que mantiene las promesas que se hizo a sí misma por la mañana.

- La mujer que cuida de sí misma emocional y físicamente.

- La mujer que utiliza su tiempo de manera efectiva.

Eleva tus estándares – eleva tus resultados.

4. Pregunta a tu Reina Interior:

Reina Interior Mía, por favor habla. ¿Qué quieres decirme?

Por ejemplo:

Eres deseable. Valórate a un estándar real. Toma tus decisiones con dignidad. Sirve lo mejor que puedas. Sirve lo mayor que tengas. Habla palabras de amor, compasión y aliento.

5. Meditación con tu Reina Interior:

"Estoy tan preparada ahora para seguir adelante. Estoy tan lista AHORA. Como Reina, estoy orgullosa de mi progreso y de lo lejos que he llegado. Bendigo a la gente con mi belleza y mi valor."

<u>NO ABANDONES</u>

Cuando las cosas vayan mal, que a veces pasa;
Cuando el camino por el que vagas parezca una montaña;
Cuando los recursos sean bajos y las deudas sean altas;
Y quieras sonreír, pero suspires en tu alma;
Cuando cuidar de ti misma ya no pueda esperar más,
Descansa, si es necesario, pero no abandones jamás.
La vida es curiosa con sus giros y vueltas,
como cada uno de nosotros a veces se da cuenta;
Y muchos fracasos aparecen donde el éxito habría venido
si adelante con tu lucha hubieras seguido;
No te rindas, aunque el paso sea lento,
puedes encontrar éxito sólo con otro intento.
El éxito es el fracaso girado del revés,
el lado bueno de las nubes que no ves;
Y nunca puedes saber qué tan cerca estás,
Puede que esté cerca, aunque lejos parezca estar;
Así que sigue con tu lucha cuando la vida te golpee más,
Es cuando las cosas parecen peor que no debes abandonar jamás.

— Autor desconocido

CAPÍTULO 4

LAS REINAS SE POSICIONAN PARA LA GRANDEZA

"En cada momento, una mujer toma una elección:

entre el estado de reina o el estado de esclava.

En nuestro estado natural, somos seres gloriosos. En el mundo de las ilusiones, estamos perdidas y presas, esclavas de nuestros apetitos y nuestra voluntad de falso poder. Nuestro carcelero es un monstruo de tres cabezas: una cabeza nuestro pasado, una nuestra inseguridad, y una nuestra cultura popular."

-MARIANNE WILLIAMSON

HAS SIDO llamada para la grandeza. TIENES un destino magnífico en tu vida. PUEDES superar tus mayores desafíos. *"Suficientemente bien"* no es tu destino. La grandeza lo es.

Fuiste creada para vivir una vida de alegría y felicidad. Una vida de la que tu Alma pueda estar orgullosa. Fuiste creada para romper las maldiciones generacionales. Y liberarte a ti misma y a tu gente.

El motivo por el que encuentras difícil de creer que seas capaz de grandes cosas es porque la sociedad se ha preocupado mucho para asegurarse de que hayas tenido los suficientes ataques, contratiempos, dolores, rechazos y fracasos para que dudes de ti misma.

Lo que se interpone en tu camino para expresar tu grandeza

como Reina son la mediocridad, las inseguridades y la culpa. Tu elevación, en este caso, consiste en reconectarte con tu grandeza donde anteriormente habías estado soportando pasivamente la mediocridad; en desterrar inseguridades pasadas y permitir el ritual curativo del auto-perdón.

Es hora de soltar la carga de todo lo que no funcionó o no resultó como tú esperabas. Solía agotar tu energía y tu confianza. Acepta la realidad de que estas cosas pasaron, pero no dejes que sigan envenenando tu energía. Ya va siendo hora de perdonar cualquiera de tus decepciones y centrarte en avanzar hacia la innata grandeza que Dios ha destinado para ti.

Tal vez demasiados contratiempos en tu camino han debilitado tu motivación. Quizás has perdido tu confianza al pasar por frustraciones financieras y compromisos incumplidos. A lo mejor has perdido la esperanza en tu habilidad para hacer que las cosas ocurran porque te quedaste corta de dinero o por un proyecto que resultó ser un desastre total.

Ahora puede que estés en esa etapa de la vida en que después de todos esos contratiempos has empezado a ir a lo seguro y a soportar la versión mediocre de tu vida. Te sientes cómoda simplemente con ir pasando.

¿Cuál es el sueño que habías perseguido y por el que trabajaste duro durante mucho tiempo y que casi abandonaste?

____

____

____

____

Es hora de volver a despertar ese sueño dentro de ti. Admítelo, ¿no lo deseas todavía? La verdad es que, en el fondo de tu corazón, sigues anhelando más amor, más excitación, más aventura y más contribución.

Pero Justina, "No sé cómo. Ya lo he intentado tantas veces y nunca salió bien. Sólo me metí en problemas. No sé qué estoy haciendo mal. No sé ni cómo empezar de nuevo".

Te escucho. Aunque para ser más precisas, oigo a tu ego haciéndose la víctima. Déjame que te pregunte: en tales circunstancias, ¿estás usando tu imaginación para el bien? ¿O estás creándote una pesadilla? Es importante que seas consciente de con qué te estás conformando.

Cuando yo misma solía quejarme así, mi bien intencionada amiga Reina, Alex, solía despertarme ante mi realidad y repetirme "Venga Justina, aquellos que llegaron a la cima lo MERECIERON. Se lo ganaron. Se hicieron más fuertes que sus propias limitaciones mentales y materiales. Pagaron el precio al completo".

Estuvieron comprometidos a largo plazo. Los mejores entre nosotros dominaron lo básico. Especialmente, el hecho de mantener una fe inquebrantable ante las adversidades. Así que hurga hasta el fondo dentro de ti y di "Decido elevarme. Me he decidido. No voy a dejarlo a medias, ni siquiera al 90%. Voy a hacerlo hasta el final. Todavía estoy en el juego. Voy a ir a por ello hasta que se manifieste. Sé que Dios no me abandonaría ni me haría pasar por todo esto en vano, el objetivo final es mi victoria".

Esas palabras fueron como una ducha de agua fría para mi ego, pero empoderaron mi Alma. Como Reinas, debemos usar nuestra imaginación con intención para divisar nuestras bendiciones para poder ser imparables en la búsqueda de nuestra grandeza.

Momentos como ese están poniendo a prueba tu fe inquebrantable + creer en ti misma. Como dice Joel Osteen: "La buena noticia es que sólo porque tú te rendiste con un sueño, no significa que Dios se haya rendido". Dios te dio tus bellos deseos, susurró promesas en tu oído espiritual, reveló una visión de tu vida más grande y excitante; es nuestro trabajo realinearnos con Dios de nuevo y reconstruir nuestra fé.

Te posicionas para la grandeza cuando te honras a ti misma y a tus deseos, cuando hablas con respeto por ti misma y te esfuerzas por convertirte en tu yo más extraordinario. Esto conlleva mucha perseverancia y que te comprometas a ello a largo plazo.

Así que Reina mía, dejemos de conformarnos y empecemos a estirar.

¿Qué harías si fueses valiente?

DEJA EL MUNDO DE FANTASÍA

Las mujeres juegan en ligas menores y eso es por miedo. Se resisten a expresar su grandeza innata y la consecuencia de ello es un estado crónico de depravación: de su alegría, su cuidado personal, recursos financieros o una relación satis-factoria. Tienen miedo de ir realmente a por sus sueños y de tomar plenamente su poder.

El miedo proviene de tus creencias internas, rencores y dolo-res sin resolver. Cuando te domina, actúas desde la sombra de tu ser, tu yo desempoderado. La Saboteadora, la Procrasti-nadora, la Cenicienta, la Niña Pequeña.

:: Entramos en un mundo de fantasía cuando nos sentimos desempoderadas ::

Esto se puede ver claramente en comportamientos como:

- Silenciarse a sí mismas (no honrar sus preferencias, no expresar sus deseos, soportar molestias a largo plazo o no darse el tiempo y el espacio que realmente necesitan)

- Limitar sus voces (permanecer invisible para el mundo, sin expresarse, frenándose a la hora de compartir su arte con el público, por ejemplo: libros, programas o cual-quier otra expresión creativa de sus dones)

- Pensar que alguien arreglará las cosas (esperar pasiva-mente en un profundo estado de inercia sin activar sus instintos saludables de autoprotección y provisión)

- Pensar que de algún modo serán rescatadas (delegar la responsabilidad sobre la felicidad y bienestar propios en otros; esperar que un hombre, un miembro de la familia o mentor las rescatará de sus propios pensamientos, sentimientos y acciones)

Tú eres la salvadora.

Vas a rescatarte de tu propia versión de mediocridad y llevarte a tu grandeza.

El patrón común que he observado en mi propia vida y en experiencias con mis clientas es que cuando la realidad es demasiado abrumadora, tendemos a escapar hacia lo que yo llamo "el mundo de fantasía". El País de Nunca Jamás. La futura utopía. Lo que quiero decir con eso es que evitamos enfrentarnos a la realidad actual, basarnos en soluciones prácticas y adoptar paso a paso un enfoque hacia la resolución del problema o hacia nuestro progreso.

En vez de eso, las mujeres siguen dando vueltas, establecen metas enormes que con demasiada frecuencia son demasiado grandes tanto para sus finanzas como para su subconsciente para creer en ello. Otra versión del mundo de fantasía es seguir esperando paralizadas a que "un día..." las cosa mejorarán por sí solas.

Yo también vivía en "el mundo fantástico de algún día..." Hasta que decidí:

No más desear. No más querer. No más esperar que "un día..."

Esperaba que Dios/las clientas/mis amigas hicieran por mí lo que yo no estaba haciendo en ese momento por mí misma. O sea, valorarme realmente, apreciarme, verme y proveer por mí no sólo financieramente, sino también espiritual y emocionalmente.

El precio del mundo de fantasía es un entusiasmo ingenuo

inicial que acaba con un engaño amargo y doloroso.

La ilusión de haber invertido todo lo que tenías: tu tiempo, tus ahorros y largas noches y, aún así, no obtener resultados. Lo vi en mujeres que esperaban una buena relación y fueron demasiado ingenuas con el hombre con el que salían. Lo vi en mujeres que exprimían sus negocios con la esperanza de grandes ingresos después de haber invertido demasiado en un mentor o un curso, pero sin tomar responsabilidad personal por su situación financiera.

Como resultado de vivir en tal mundo de fantasía, rápidamente te frustras, decepcionada contigo misma y culpándote por no ser capaz de conseguir lo que te comprometiste a hacer. No quiero eso para ti.

¿Cuál es la solución?

Comprométete de nuevo con tu grandeza.

PÍDETE CONSCIENTEMENTE BRILLAR MÁS EN LA SUPERFÍCIE.

"El camino hacia la grandeza empieza con

tu voluntad de tomar pasos pequeños."

-—KATY MCCLARY

Esa excelente vibración de Reina está dentro de ti. Tienes acceso a ella en cada momento presente. Pero la has empujado hacia los rincones más lejanos de tu Verdadero Yo. La Mujer Sabia dentro de ti. Tu Yo Feroz. La que tiene tantos recursos y es capaz de encontrar la solución sin importar el qué, como si tu vida dependiese de ello.

¡Sí! PODEMOS ser la Reina, sólo tenemos que vivir alertas en el presente y superar nuestras inseguridades. Más fácil decirlo que hacerlo, lo sé. Y puede que te estés preguntando cómo conectar con esa grandeza innata, esa gloria inherente, de una forma que no sea mandona o abrumadora. La verdad es que cada una de nosotras es una obra de trabajo en progreso mientras reclamamos nuestro reinado. Además, no es que tú seas la Reina y nadie más lo sea, todas tenemos derecho a encontrar y reclamar nuestra propia corona.

NO ENCAJAS PORQUE SOBRESALES

Mírate: Eres educada, inteligente, bonita y amable. Has pasado por tanto… y has superado tantas adversidades. ¿Cómo es que no te das cuenta de cuán extremadamente capaz y poderosa eres? ¿Cómo es que no te das cuenta de que tienes el poder para tomar las riendas y hacer que ese avance necesario realmente suceda?

Solías regalar tu poder a diestro y siniestro. Solías verte incapaz. Solías sentirte demasiado débil e indefensa para afrontar realmente tu Goliat cara a cara y darle un buen golpe en los morros.

Que este capítulo sea la llave hacia tu liberación.

¡CAMINA CON LA FRENTE BIEN ALTA, QUERIDA!

Se nos ha enseñado a pensar en nosotras mismas como inferiores y en cierto modo deficientes. Este mundo está plagado de mujeres inseguras, centradas en sus defectos y limitadas por sus inhibiciones autoimpuestas. Hemos sido condicionadas para rebajarnos a nosotras mismas y nuestros méritos y habilidades. Puedes detectar rápidamente el nivel de autoestima de una mujer sólo con escuchar sus palabras. ¿Con qué frecuencia oímos a mujeres decir "Estoy tan orgullosa de mí misma", "soy muy buena en…", "Me aprecio a mí misma", "¡Bien hecho, yo!"? Más que esto, la mayoría de las mujeres diría "Estoy teniendo dificultad con…", "Soy nefasta para…", "Soy tan patosa con…". ¿Hemos olvidado que nuestro diálogo interno se convierte en nuestra realidad? Debemos honraros a nosotras mismas a través de nuestras palabras y practicar un fuerte respeto propio, dándonos cuenta con dulzura de nuestro progreso en vez de estar siempre centradas en nuestras deficiencias.

También se nos ha enseñado a avergonzarnos de nuestros cuerpos y a mantener nuestra autoestima baja. Así es cómo industrias enteras manipulan a las mujeres. Es por es que tu trabajo consiste, por el contrario, en enamorarte del cuerpo que Dios te ha dado. ¿Por qué? Porque independientemente de tu talla, hay un hombre inteligente y cariñoso que sueña precisamente con lo que tú representas.

La negatividad y la inseguridad nunca van de la mano con la brillantez, el poder y la prosperidad.

Mi querida Reina, decide que ya no eres una de esas mujeres inseguras. Debes rechazar tal manera de ser en el mundo. Si en cualquier punto de tu vida te asustaste, te volviste tímida o insegura sobre ti misma, que sepas que esos pensamientos y estados no provienen de lo Divino, de Dios. De hecho, si no es con amor, no es de Dios. Es porque has sido condicionada a sentirte insegura.

La inseguridad es una mentalidad de comportarse por debajo de tu verdadero potencial y de tus capacidades. Tal mentalidad de inseguridades es producto de pensamientos desalentadores y de baja vibración. Enfréntate a ellos. Cuestiónalos uno a uno. Atácalos. Tus inseguridades nunca se irán de tu mente en silencio. Debes desterrarlos de tu vida a la fuerza. Mantén un nivel alto de empoderamiento intencional con respecto a tu persona. Nunca permitas quedarte atrapada. Debes rechazar de manera radical tales programaciones. Las inseguridades te mantienen en una prisión, siempre dudando de ti misma y cuestionándote. Y tú no eres la víctima de nadie. Tú eres tu propia heroína.

Dios no crea basura. Tú eres Su Superestrella. Su jugadora #1. Compórtate como esa Reina Superestrella.

Conecta con esa voz silenciosa de confianza que dice: "Yo

PUEDO. Estoy bien capacitada. Soy una mujer que puede tener más poder: en mi vida, con mi dinero y en mi contribución al mundo".

La humildad a su vez dice: "Soy igual que todos". Nos enseña que no hay necesidad de hacerte superior a los demás, AL MISMO TIEMPO que tampoco te humillas a ti misma, haciéndote inferior a los demás.

Tu momento para ser una mujer icónica es AHORA.

Tu momento para ser la Reina es AHORA.

A continuación, encontrarás cómo evitaría una Reina caer en la trampa del "mundo de fantasía":

Es muy sencillo. Conecta con tu cuerpo, tus ingresos, tus compromisos, en vez de flotar libremente en las nubes. Abraza todo lo que has estado resistiendo. Lidia con lo que has estado evitando. Ve en la dirección de tu miedo. Comprométete de nuevo.

Se sale del "mundo de fantasía" haciendo lo siguiente:

- Afrontando tus obligaciones económicas con la cabeza bien alta y una actitud de "yo puedo". Puesto que aquello que afrontas, desaparece.

- Estando presente para tu comercialización de manera consistente, si lo que deseas es que entre más dinero.

- Dedicándote a una relación comprometida, si lo que deseas es una pareja amorosa o un marido.

- Perdiendo esos kilos de más, si lo que deseas es sentirte bien físicamente y enorgullecerte de tu apariencia.

- Tomando finalmente esa dura decisión, si lo que deseas es claridad y acabar con la confusión.

Alguien me dijo una vez:

"No sé cómo lo haces"

Yo le dije:

"No tuve otra elección"

Una Reina vive ferozmente en la Verdad de su Alma, pero con los pies en la tierra. Vivir en el "mundo de fantasía" significa esperar, rezar[3] y desear solamente.

Ella vive en el ahora, con sus instintos alerta. Es una tontería y una ingenuidad creer todo lo que nos dicen los demás, todo lo que vemos y todo lo que pensamos. Discernimiento es la clave para elegir sabiamente y tomar las decisiones clave en tu vida. Como dicen, más vale prevenir que curar.

Una Reina está en contacto con la realidad y con los reinados milagrosos, puesto que tiene discernimiento e instintos saludables. Una Reina está únicamente limitada por su percepción y ambición. Pero no se deja engañar por suposiciones erróneas y de deseo. Una Reina nunca apuesta sin verificar primero.

Sé clara y específica con lo que deseas y por qué. A diferencia de otras mujeres que toman decisiones frívolas basadas en sus emociones, una Reina sabe cuándo ejercer una lógica fría. Toma las cosas paso a paso, sin caer en su propio agobio. Una Reina sabe que lo que se expande o amenaza su grandeza son sus elecciones momento a momento.

EN BUSCA DE LA AUTORREALIZACIÓN

A medida que despiertes cada vez más tu conciencia de Reina, empezarás a sentir la necesidad de manifestar todo tu potencial femenino. Al fin y al cabo, estás en este planeta para expresar tu genio y tus dones femeninos y cuidar del mundo de manera que otros prosperen. Siendo tu presencia amorosa en el mundo, simplemente brillando. Ofreciendo tu corazón.

---

3   Yo creo en la plegaria, pero rezar sin tomar acción no es más que desear.

Pero para hacer esto, tienes que dejar atrás todas las cosas y personas que te impiden ser y recibir lo mejor de la vida.

UNA REINA SE ESFUERZA POR SER LA MEJOR Y MÁS EXTRAORDINARIA VERSIÓN DE SU SER

Ese proceso se llama autorrealización. Las Reinas viven elevando constantemente sus mentes, su manera de ser en el mundo y su círculo de influencia. Las mujeres con la conciencia de una Reina son rápidas a la hora de corregir el curso en el momento presente y rectificar tan pronto como sea necesario. Son conscientes de que, si maximizan su vida, también impactarán positivamente las vidas de otras mujeres a su alrededor.

A su vez, las mujeres comúnmente inconscientes viven atrapadas en el pasado. Las consecuencias de no autorrealizarse son quedarse atrapada durante décadas en una programación de nuestra infancia rota y anticuada, tener traumas emocionales de relaciones pasadas sin sanar o ser inmaduras espiritualmente.

AUTORREALIZACIÓN: el proceso de una mujer que eleva su identidad (las creencias sobre sí misma, sus habilidades y comportamiento) hacia unos nuevos estándares más altos que reflejan su conexión espiritual actual con Dios y su voluntad de ser de mayor servicio a su familia o comunidad.

Para autorrealizar tu conciencia como mujer, debes implementar estos 3 pasos:

- Perdonarte a ti misma (Ser capaz de soltar la culpa de tu conciencia hacia ti misma)

- Tener seguridad en ti misma (ser capaz de correr con tu propia energía de la certeza de quién eres, de lo que eres capaz y con lo que estás comprometida)

- Reconectar con tu visión (elevar tus pensamientos, emociones y acciones por encima de las circunstancias que se manifiestan actualmente para poder imaginar creativamente un nuevo futuro potencial hacia el cual trabajarás sin descanso para que se manifieste)

Echemos ahora un vistazo a cada paso y cómo puedes implementarlos de manera práctica en tu vida:

SEGURIDAD EN TI MISMA:

"Si quiero algo, voy y lo consigo.

Cualquier cosa que crea que va a frenarme, lo cuestiono."
—BYRON KATIE

Demasiadas mujeres buscan desesperadamente la aprobación y validación en los lugares equivocados. Sus madres, sus parejas, la sociedad o incluso en extraños. Así es cómo regalamos nuestro poder.

A la antigua usanza, pedimos un poco de atención y elogios. Somos adictas a la aprobación a toda costa. Abandonamos nuestros sueños más grandes para complacer a los demás y ganar su aprobación. Esperamos a que nos den permiso y a oír: "sí, ahora puedes ir a por ello" / "sí, eres lo suficientemente hermosa para mí" / "sí, tienes lo necesario" / como si tuviésemos que delegar nuestro poder creativo para decidir qué nos haría felices, aterradas de cometer un error. Pero eso sólo deja a nuestra vida en espera. He visto a mujeres acabar perdiendo tiempo en una relación fallida. Otras que aceptaban mediocridad en su forma de vivir o llevar la casa. Otras, haciendo girar las tuercas de sus negocios con dudas de si podrían o no aumentar sus precios y reclamar su experiencia en su campo. Todas ellas esperaban, pasivamente, sin saber qué hacer, esperando que las cosas cambiasen por arte de magia.

Una Reina siempre está segura de sí misma. Esto quiere decir que conecta con su intuición. Su diálogo interno es alentador y no depende de las opiniones que otra gente pueda tener sobre ella. Consulta con su Dios y con su diario. Se permite seguir la voz de su Alma, aunque a veces puede que vaya en contra de las normas comúnmente aceptadas.

No me malinterpretes. Soy súper partidaria de ser respetuosa hacia los hombres y tener en consideración el bienestar y las preferencias de los que me rodean. Pero eso no quiere decir que me haré la mártir, abandonaré mis deseos o me retiraré del juego traicionando la verdad de mi Alma sólo porque a alguien no le guste que luche.

Así que déjame preguntarte:

1. Piensa en una situación específica de tu vida. ¿Dónde necesitas estar segura de ti misma sobre tu poder y tus habilidades? ¿Qué esperas que los demás hagan por ti en esa situación? ¿Cómo puedes hacer por ti misma lo que esperas de los demás?

PERDÓN:

"Un corazón abierto es el principio de la grandeza.

Es una expresión de humildad. Es una base para el desarrollo de virtudes como la plegaria, la fe, el coraje, la satisfacción, la felicidad, el amor o el bienestar".

—JAMES E. FAUST

Oímos hablar mucho sobre la importancia de perdonar a aquellos que nos han hecho daño, pero ¿y perdonarnos a nosotras mismas? ¿Es eso importante? Bueno, yo creo que sí.

La falta de voluntad para perdonar hace que una mujer parezca amargada, frustrada y mucho menos radiante y atractiva de lo que realmente es. Es una expresión de vanidad espiritual e inmadurez del Espíritu. Nuestra mente del ego prefiere permanecer apegada al drama, al autocastigo y recrea el conflicto interno. Hasta que no rompamos el patrón de autocastigo y autoculpa inconscientes, esta falta de perdón bloqueará tus ingresos, tu intimidad y la satisfacción en general en tu vida.

El verdadero acto de perdón proviene de la profundidad de tu Alma.

Así que empieza a despertar ante el hecho de que la paz comienza contigo. O eres creadora de paz o lo eres de conflictos. ¿Quién estás siendo como mujer en tu corazón de corazones? ¿Y cuál preferirías ser?

Mereces tu propio perdón.

Una vez escuché a Oprah Winfrey definir el perdón como no usar nunca más el pasado contra alguien. Del mismo modo, el autoperdón trata de no usar nunca tus errores del pasado en tu propia contra.

Más bien, se trata de comprometerte a hacer el trabajo de tu corazón, confrontando con una honestidad brutal las fuerzas más profundas que te llevaron a cometer esos errores en un primer lugar. Y luego, a arreglar tu desastre lo mejor que puedas y comprometerte de nuevo contigo misma para hacerlo mejor la próxima vez. Y cuando vuelvas a equivocarte (que lo harás), repite este ciclo.

Si alguna vez has hecho algo de lo que te arrepientas (y seamos sinceras, ¿quién no?), no estás sola. Únete al grupo. La verdad es que todas hacemos cosas estúpidas, egoístas o aparentemente imperdonables a veces. Sé que yo lo hago. Como cuando tomé un riesgo financiero demasiado grande en mi negocio y me endeudé. O cuando no pude asistir al funeral de mi abuela. O cuando herí con mis palabras a la persona que quería. Te haces una idea.

Cuando escribo mi diario, el autoperdón es la práctica mensual donde me tomo el tiempo necesario para liberar mi mente de los errores y frustraciones de mi pasado. Puesto que estos son precisamente los bloqueos de nuestro tercer *chackra*, bloqueando nuestro poder personal y un autoestima sano.

A continuación, tengo algo que va a empoderarte a través del proceso. Te invito a reflexionar sobre estas cuestiones (¡son una curación poderosa!):

1. ¿De qué me sigo culpando? ¿Qué evento de mi pasado todavía me hace sentir culpable, aunque aparentemente ya no debiera?

2. ¿Qué necesito perdonarme?

3. ¿Estoy dispuesta a reconocer mi propia inocencia con relación a ese evento?

4. ¿Qué mejorará si me libero de ese evento y dejo de castigarme por ello?

1. Libero la culpa de mi conciencia sobre

____

____

Sé que soy inocente y me perdono `por mis decisiones pasadas y por esa situación específica. Libero esa sensación de culpa y me perdono totalmente ahora. Soy libre.

2. Libero la culpa de mi conciencia sobre

____

____

Sé que soy inocente y me perdono `por mis decisiones pasadas y por esa situación específica. Libero esa sensación de culpa y me perdono totalmente ahora. Soy libre.

3. Libero la culpa de mi conciencia sobre

Sé que soy inocente y me perdono `por mis decisiones pasadas y por esa situación específica. Libero esa sensación de culpa y me perdono totalmente ahora. Soy libre.

4. Me perdono por no hacer las mejoras a las que juré que me dedicaría, como

Ya no me hago la mártir ante mí misma sobre este asunto.

Elijo nuevas intenciones. Y mantener el corazón limpio.

RECONECTAR CON TU VISIÓN:

"Es demasiado fácil rendirse, dejar de creer, alejarse de la luz.

La evidencia de que la oscuridad prevalecerá está por todas partes.

Pero no estoy persuadido. Porque mi corazón sigue abriéndose, porque los humanos siguen avanzando, porque el sol sigue saliendo. Bien puede ser que lo hagamos por el margen más estrecho, pero lo haremos. "

-JEFF BROWN

Cuando tienes muchas metas, ideas nuevas y prioridades en competencia, es fácil sentirse abrumada y frustrada. Pensamientos como "Soy lo peor" o "Parece que no puedo hacer las cosas", pueden tratar de invadir tu mente; tu trabajo es no entretener si quiera tales pensamientos en tu cabeza y revertirlos inmediatamente. Como Reinas, desterramos sin piedad pensamientos desalentadores.

En mi experiencia, las personas apasionadas locamente son propensas a ciclos repetidos de inspiración y agotamiento. Empieza con inspiración, lo que lleva a la excitación, y luego al exceso de trabajo (porque eres muy apasionada y quieres hacerlo todo), luego al agobio, la frustración, la fatiga y, finalmente, al agotamiento. ¡Hasta que encontremos una inspiración renovada y el ciclo empiece de nuevo!

Perder la motivación o la fé en tu visión resulta diferente para cada una de nosotras. Para algunas, es sentirse "desgastada", desmotivada, con poca energía, no querer trabajar, sentir que el trabajo es un lastre, no disfrutar o sentir que ya no tienes esa chispa que antes tenías para tu misión, etc. Una cosa común que he observado con frecuencia en mis clientas era la falta de ese entusiasmo y alegría iniciales por causa de contratiempos. Anhelan volver a encender el interruptor o encontrar algo nuevo que las excite de nuevo incluso más. Puedes imaginarte porque esto inicia el ciclo de nuevo una y otra vez. ¿Lo has vivido alguna vez?

Tu visión se desmorona porque dejas de confiar en ti misma. Tienes que cultivar un nivel más alto de autoconfianza. Si no lo haces, tu yo inferior te arrastrará hacia abajo. Y destruirá la visión que tenías. Así que, en momentos de prueba, reconecto con mi visión y empiezo a repetirme las palabras que más necesito oír, como: "Confío en mí misma. Confío en que el Universo está trabajando a mi favor. Tengo lo necesario para cumplir esta visión". O sea: "Iré y haré que sea realidad. ¿Por qué? Porque Yo lo he decidido".

Momentos de tal actitud y de diálogo interno alentador son tus momentos decisivos. Un momento en el que tu destino se forma. Estás eligiendo constantemente. Está todo en las micro-decisiones que tomas y la conciencia emocional momento a momento. Así que empieza a virar tus pensamientos hacia la grandeza. Céntrate en lo que te encantaría experimentar.

¿Estoy en mi energía de Reina o en al de mi Yo Inferior?

¿Qué pensamientos estoy proyectando en mi mente?

¿Qué emociones corren por mi cuerpo?

Es totalmente tu responsabilidad mantener viva tu visión. Si no lo haces tú, nadie lo hará. Es cuando menos queremos trabajar que debemos hacerlo. Tu fe será probada.

Se les dará a aquellos que creen y SÓLO a ellos.

En los momentos en los que te enfrentas a un obstáculo o desafío, es fácil quedar atrapada en el ajetreo frenético y la rutina diaria. Sumergirte ciegamente en tu trabajo sin clarificar tu visión o resultados deseados.

A menudo el problema principal es estar desconectada de tu Alma y tu visión más excitante. Así que vas por ahí tomando mil acciones o, justo al contrario, evitando completamente tomar cualquier acción a toda costa.

REGLA DE REINA #2:

Planifica tu día de manera que se pueda lograr algo definitivo hacia tu objetivo, tu ambición. Establece 1 resultado grande y 2 pequeños para tu día, semana y mes.

MIS TOP 3 INTENCIONES PARA HOY SON:

MIS TOP 3 INTENCIONES PARA ESTA SEMANA SON:

MIS TOP 3 INTENCIONES PARA ESTE MES SON:

Déjame preguntarte:

¿Esto que estás buscando ahora, está realmente en línea con lo que verdaderamente quieres? ¿Estás enfocada en conseguir los resultados que TÚ deseas?

Para que lo entiendas mejor, aquí tienes un ejemplo de mi propia vida:

Hubo un tiempo en mi vida en que vivía y dirigía mi negocio desde Londres. Lo que quería, supuestamente, era crear mucho más dinero y ser capaz de mudarme a un piso más grande en un área mejor. O eso pensaba yo. Así que me hice trabajar obsesivamente para establecer nuevas estructuras comerciales. Pasé innumerables noches estudiando marketing online y haciendo lo que fuese para atraer más dinero. Aún así, mi Alma, por alguna razón, no estaba por la labor. Las cosas no estaban funcionando. Cuanto más lo intentaba, más me alejaba de ello. Toda la experiencia parecía agotadora y me sentí miserable durante el proceso. Descuidé mi dieta, mi tiempo al aire libre, el tiempo con mis amigas y mi cuidado personal.

En cierto punto, algo dentro de mí me hizo coger mi diario, sentarme en una terraza y escribir las preguntas que me faltaban…

"Justina, honestamente, ¿Qué es lo que realmente quieres? ¿Cuál es la vida que deseas crear para ti misma?

¿Cuál es el propósito de mudarte a un piso más grande?"

Permití que las respuesta fluyeran y se me llenaron los ojos de lágrimas en mi soledad. La verdad es que no quería una apartamento más grande en Londres. De hecho, para empezar, ni siquiera quería vivir más en Londres. ¡WOW! Eso me provocó un *shock* directo al Alma.

Con el tiempo, me di cuenta de que era lo que mi ego quería y no el deseo de mi Alma. Sí, mi Alma anhelaba una experiencia de vida distinta… pero… lo que yo deseaba en el fondo de mi Alma femenina era mudarme, ¡¡¡pero a España, no a Londres!!! Después de meses, decidí pasar una temporada en Mallorca, alquilé un piso más grande para mí, gané más dinero durante ese tiempo y hasta escribí mi primer libro *"Riqueza del Alma"*.

Así que mis enseñanzas en este punto son:

:: Ve a por lo que tu Alma anhela,

no lo que tu ego pide ::

A estas alturas, has aprendido que no hay necesidad ni de sumergirse en un mundo de fantasía ni de reprimirte demasiado. Al establecer una nueva y emocionante visión para ti misma, lo más importante es que estés completamente en línea con tu fuente espiritual. Para apoyarte, aquí tienes algunos ejercicios útiles:

- ¿Qué objetivos profesionales, viajes, experiencias o relaciones anhela manifestar tu Alma?

OPORTUNIDAD PARA ESCRIBIR EN TU DIARIO

Mira dentro de ti y espera a la verdad. Hurga en lo más profundo y contesta por escrito ¡con tantos detalles como puedas! Cada vez que te llegue una respuesta, sigue preguntándote "¿por qué?" unas cuantas veces más. Conecta tus respuestas con sentimientos y emociones, no sólo con hechos, para que sean más convincentes. Intenta evitar que esta práctica no sea una sesión aburrida de escritura. ¡piensa en tus sueños a gran escala!

1. Si no tuvieses creencias limitantes, ¿qué querrías para tu vida? ¿y para tu negocio?

2. ¿Qué legado quieres tener? ¿Por qué?

3. ¿Por qué cosa quieres ser reconocida? ¿Por qué?

4. ¿Qué estilo de vida quieres, en detalle? ¿Por qué?

5. ¿Sobre qué no estas dispuesta a comprometerte? ¿Por qué?

6. ¿Qué te arrepentirías de NO hacer, tener o ser a final de año? ¿Y al final de tu vida?

7. ¿Qué quieres conseguir en los próximos 6 meses? ¿y en el próximo año? ¿y en 5? ¿Por qué?

8. ¿en quién quieres convertirte?

EJERCICIO DE CAMINAR DE REINA:

Voy a compartir contigo una de mis prácticas favoritas que aprendí. Se llama Caminar de Reina y a menudo se lo recomiendo a mis clientas. Las instrucciones son fáciles:

Da un paseo de no menos de 20 minutos y, mientras caminas, coloca una mano sobre el corazón y en silencio repite para ti misma "Yo soy la Reina" cada vez que tu mirada se pose sobre un objeto.

Una grieta en la acera, un matojo de hierba, una cara, una nube, un coche, etc. Esta práctica es profunda. Te ayuda a reclamar tu dignidad, majestuosidad y gobierno al instante, sin vanidad.

CAPÍTULO 5

LAS REINAS CONTROLAN SUS EMOCIONES

"Necesitamos mujeres tan fuertes que puedan ser gentiles, tan educadas que puedan ser humildes, tan feroces que puedan ser compasivas, tan apasionadas que puedan ser racionales y tan disciplinadas que puedan ser libres."

-ANÓNIMO

A lo largo de la historia, las mujeres han sido vistas tradicionalmente como impulsadas por sus emociones más que por el pensamiento racional. Y con razón. Como mujeres, nuestro sistema nervioso está conectado primero para SENTIR y después PENSAR, al contrario que los hombres. Hemos sido percibidas siempre como más justas, delicadas, emocionales y sensibles. Nuestra profunda esencia femenina atiende rápidamente las necesidades emocionales de un recién nacido, de nuestros seres queridos y estamos en contacto con nuestro Corazón sensible.

Sin embargo, con esta lógica ¿debemos seguir justificando nuestras rabieta, histeria, los ataques de culpa y la falta de autocontrol? Creo que, en este punto de nuestro crecimiento, podemos hacerlo mucho mejor que esto. Por favor, no me malinterpretes: no estoy sugiriendo que reprimas tus emociones a toda costa, que las niegues o les quites importancia. Eso sería una tontería y una inmadurez. Lo que propongo en este capítulo es que ganes una perspectiva más amplia y autocontrol sobre cómo eliges manejar tus emociones cuando te sientes provocada.

Como mujeres evolucionadas espiritualmente, debemos desarrollar el dominio de nuestras propias emociones. Puesto que, sin autocontrol emocional, corremos el riesgo de hacernos daño o de destruir nuestra invaluable reputación, finanzas o relaciones. Como puedes ver, el listón está demasiado arriba como para pasarlo por alto.

**La Reina y su reino no sobrevivirán
sin una buena reputación.**

Es muy frecuente en nuestro día a día lidiar con situaciones que nos provocan una fuerte reacción emocional. No siempre somos lo suficientemente estables como para lidiar con lo que la vida nos echa a los hombros. Tu hijo puede ponerse enfermo, puede que discutas con tu pareja, la muerte de un pariente puede ocurrir de golpe, tu madre o tu padre pueden decir algo que provoque algo dentro de ti, etc.

La verdad es que nuestro comportamiento instintivo está dictaminado por nuestras necesidades emocionales insatisfechas, como resultado, amenazamos, nos desesperamos, abandonamos o huimos. Es por eso por lo que caemos víctimas de nuestras reacciones emocionales impulsivas. Desesperadas, no sabemos hacer otra cosa. Pero hay una nueva forma. La manera en que lo hace una Reina.

Regla de Reina:

UNA REINA MUESTRA SU

SALUD MENTAL Y EMOCIONAL

Las Reinas dominan *el arte de no entrar en pánico*. No explotan furiosas, llorando o gritando con rabia en público. En lugar de eso, mantienen la calma, manteniéndose en contacto con sus emociones, pero sin dejar que éstas las dominen y escalen demasiado rápido.

¿Por qué? No se puede confiar con poder y responsabilidad en una mujer que no es capaz de demostrar que puede mantener sus emociones bajo control.

Como mujeres, debemos aprender a desarrollarnos emocionalmente y ser lo suficientemente maduras como para autorregularnos y defender nuestras necesidades sin dramas innecesarios. Muchos de nuestros errores y comportamientos de los que nos arrepentimos provienen del hecho que dejamos que nuestras emociones tomen el control sobre nosotras.

"El viaje tiene que sentirse cómo quieres sentir la destinación."

-Danielle LaPorte

Como la Reina en la que te estás convirtiendo, tu reputación y tu fuerza interior están directamente relacionadas con el nivel al que puedes sentir tus emociones y hacer lo que es correcto de todos modos.

He visto a muchas mujeres tener rabietas, rendirse a la desesperación o no ser capaces de controlar sus emociones. ¿Consecuencias? Perdieron dinero, hirieron sus relaciones o se arrepintieron de su comportamiento con sus hijos.

La lección de este capítulo es que puedes ser la dueña de tus emociones, no su víctima.

LAS REGLAS PUEDEN CAMBIAR

Si durante tu infancia tuviste que adoptar mecanismos de supervivencia "poco saludables" debido a la dinámica de tu familia (como alcoholismo, violencia doméstica, la muerte de un padre/madre, etc.) o traumas por los que has pasado, que sepas que puedes desaprenderlos y aprender una manera distinta.

Investiga. Escribe en tu diario. Busca ayuda. Di en voz alta lo que sientes con tu mejor amiga. Qué sentías en esos momentos. A medida que avanzas, deja que tu propia intuición te guíe hacia dónde enfocar.

Tu intuición es como un GPS. Úsala con sabiduría. Cuando recibas una pista o un mensaje desde dentro de ti, ten discernimiento y no intentes forzar tu intuición en la realidad demasiado rápido. En vez de eso, pásalo primero por el filtro de tu mente racional.

Por ejemplo: Puede que empieces a recibir el mensaje de que es hora de trasformar la dinámica de tu relación. Eso no significa necesariamente: "Ah, vale, mi intuición me dice que soy muy infeliz con él ahora así que mañana romperé con él/ le pediré el divorcio". Si apresuras las cosas demasiado, puede que no estés preparada ni arraigada lo suficientemente como para seguir adelante con los cambios. Nuestras visiones e instintos son sólo puntos de partida. Es nuestra responsabilidad seguir conectando internamente y seguir adaptándonos y preguntando:

¿Qué está al servicio del crecimiento de mi Alma en esta situación?

Y puede que obtengas la respuesta que simplemente deseas para satisfacer tus necesidades emocionales insatisfechas de una forma distinta y que nunca has expresado en voz alta con tu pareja.

Toma responsabilidad por tu propia satisfacción y bienestar estableciendo

claras condiciones que funcionen para ti

y sean justas para ambos.

Existe la posibilidad de que sólo con un pequeño cambio consigas una gran mejora y te ahorres la ruptura. ¿La ventaja? No harás una montaña de un grano de arena.

TOMA DECISIONES CON UNA MENTE CLARA

Ya no eres la misma persona que fuiste una vez. Ya no eres esa niña indefensa, a la merced de tus padres. Ahora eres una mujer adulta que tiene que reclamar la responsabilidad de su mayor destino.

Has subido de nivel. Has crecido. Te has transformado. Estás haciendo el trabajo necesario para madurar esas partes de ti que aun no han sanado. Y para volver a ponerte en contacto con la realidad de la situación en vez de una idealización infantil.

Cuando esto ocurre, es muy fácil caer en extremos. Te hace reaccionar impulsivamente, adoptar una actitud de *"todo o nada"* cuando no hay una necesidad real de tal actitud y hacerte cambiar de decisión de un día para otro.

Tiendes o a idealizar o a demonizar a la gente, en vez de ver las cosas simplemente por lo que son. Puede que soportes durante demasiado tiempo que se aprovechen de ti o que te des en exceso sin necesidad. Aquí es donde establecer límites es una obligación. Recuerda que cuanto mejor sepas, mejor lo harás.

Lo que te sugiero es que te des más tiempo a ti misma. ¿Qué pasaría si permitieses que el impulso del momento pasara? Ya sé que requiere conciencia momento a momento, pero primero prueba a anclarte a ti misma tomando una profunda respiración y simplemente sé. Retrasar la reacción te dará tiempo para sopesar las consecuencias y las alternativas.

Existe la posibilidad de que ese comportamiento que puede que consideres racional y razonable en el momento, te cause estrés y remordimiento.

Te sugiero que ganes tiempo para considerar las implicaciones de tus acciones. Para que estés segura de que estás cómoda con lo que estás haciendo. Y que así no te consuma la culpa después, *"Ojalá no hubiese actuado tan impulsivamente"*.

RALENTIZA

Date tiempo para actuar… o para no actuar. ¿De qué te arrepientes más a menudo de las cosas que haces demasiado rápido? Mis clientas normalmente se arrepienten de sus palabras ofensivas, de reaccionar exageradamente o de gastar dinero sin tener en consideración las consecuencias.

Si no estás recibiendo ayuda profesional, aquí encontrarás las formas en que puedes empezar a superar tu impulsividad.

Empieza por echar un vistazo a las otras personas involucradas en tu comportamiento. Pregúntate y observa:

> *¿Quién más se verá afectado por este comportamiento?*

> *¿Cómo se verán afectados por lo que yo haga?*

Luego, reconecta con tu Alma y con una perspectiva mayor. En este punto me gusta preguntar a mis clientas preguntas como:

> *¿Dónde está Tu Verdad?*

> *¿Qué anhela tu Corazón?*

> *¿A quién?*

Preguntas así te ponen al mando de tus reacciones. Qué lugar tan especial en el que estar. Tu comportamiento tiene consecuencias.

Pregúntate: *¿Merece la pena?* Si es así, disfruta la experiencia. Si no, sé lo suficientemente disciplinada como para dejarlo ir.

Por ejemplo:

Puede que sientas impulsivamente: *"Quiero pedir el divorcio, ya no puedo soportarlo"*. ¿Merece la pena? ¿Es el divorcio lo que realmente quieres en esta situación? ¿O quizás una dinámica de pareja distinta con tu pareja en la que ambos tenéis vuestras necesidades satisfechas de una nueva forma? Tal vez una comunicación respetuosa, ser escuchada y vista, es lo que anhelas en el fondo, pero no lo estás expresando.

Otro ejemplo:

Puede que te sientas tentada a llenar tu frustración emocional con golosinas o antojos por algo dulce para calmarte un poco. ¿Merece la pena? ¿Merece la pena que este impulso arruine tus niveles de azúcar en sangre y los esfuerzos que hiciste la semana pasada con tu dieta? ¿No te arrepentirás luego? Si no vas a arrepentirte, adelante y disfruta de la experiencia. Si prefieres verte sexy en el espejo cuando te pongas tu vestido, será mejor que apartes los dulces y resistas ese impulso.

Mis enseñanzas en este punto son: Tu poder femenino yace en ser sabia para tomar buenas decisiones para ti misma en cada momento.

SER MANIPULADA VS. TENER AUTOCONTROL

Ser manipulada implica vivir un drama emocional eterno e ir por la vida como una víctima histérica de tus circunstancias o de tu ciclo menstrual, mientras que todo el mundo a tu alrededor se lo pasa en grande sacándote de quicio y tratándote de tonta. Solían confundir tu amabilidad con debilidad. Afortunadamente, ese juego se ha ACABADO. Nosotras las Reinas, sabemos mantener la calma. Tus emociones están aquí para guiarte, no para arruinar tu vida ni tus finanzas.

No hay necesidad de un drama emocional. No hay necesidad de añadir más sufrimiento a una situación ya difícil de por sí en tu vida. En vez de ello, date cuenta de que tus sentimientos no son al azar, son mensajeros. Déjalos hablar y guiarte hacia la Verdad.

Aquí puedes aprender cómo escuchar a tus emociones y recibir el mensaje para ti:

- La Amargura te muestra dónde necesitas sanar, dónde sigues manteniendo juicios sobre los demás y sobre ti misma.

- El Resentimiento te muestra dónde estás viviendo en el pasado, no permitiendo así que el presente sea como es.

- La Incomodidad te muestra que necesitas prestar atención a lo que está pasando ahora mismo, porque se te ha dado la oportunidad de cambiar, de no repetir de nuevo tu patrón predeterminado y cambiar el curso de tu vida.

- La Rabia te muestra lo que te apasiona, dónde están tus límites, qué obstáculos debes destruir y lo que crees que tiene que transformarse a tu alrededor.

- La Culpa te muestra que aún vives la vida bajo las expectativas que tienen otras personas sobre lo que deberías hacer.

- La Vergüenza te muestra que estás internalizando las creencias de otras personas sobre lo que deberías ser y que necesitas reconectar contigo misma y enorgullecerte de quién eres.

- La Ansiedad te muestra que tienes que anclarte en el ahora y que necesitas volver al presente: que estás viviendo en el miedo al futuro, asustándote tú sola con tu imaginación.

- La Tristeza te muestra la profundidad de tu sentir, la profundidad de tu preocupación por los demás y por este mundo, te invita a la gratitud por lo que se te ha dado y te enseña a desapegarte y a dejar ir.

Haz más espacio para la emoción que sigue aflorando en ti más a menudo estos días. Báñate en ella. ¿Cuál es el mensaje que esta emoción te sigue trayendo?

Para obtener más claridad, intenta tomar una perspectiva en tercera persona: Mírate como si estuvieses a tu lado. Observa a esa persona. Siente sus necesidades y anhelos. Siente. ¿Qué es lo que más necesita esa persona ahora?

Regla de Reina: **Las Reinas no están disponibles para dramas.**

EMPIEZA A ESTABLECER LÍMITES PERSONALES

Los países establecen límites físicos para proteger sus territorios. La gente tiene límites formales y emocionales para proteger su salud y sus recursos. Establecer límites, sin embargo, es un reto para la *mayoría* de las personas. Es especialmente difícil para mujeres que son demasiado amables y están afectadas por la *"enfermedad de complacer"*.

Un límite saludable te protege de estar agotada, abrumada y frustrada. Es como una regla que establece condiciones claras que te sirven y te empoderan.

Establecer límites es un gran salto hacia el respeto propio.

En algún momento de tu vida, te verás forzada a establecer límites saludables para proteger tu bienestar. Lo admito, establecer límites puede parecer el trabajo interno más duro que hayas tenido que hacer jamás. Recuerdo como poder decir *"lo siento, no puedo prestarte más dinero"* a una de mis mejores amigas puso a prueba mi habilidad para decir "no". Sin embargo, cada "NO" que dices por tus límistes saludables, es un "SÍ" sagrado para ti misma.

Así que empieza a establecer límites sencillos pero firmes con un tono elegante o neutral. Pero no te agobies. Establecer límites saludables requiere experiencia y práctica en la vida real. Echa un vistazo a los ejemplos que te traigo a continuación, para que te hagas una idea:

Para proteger tu tiempo, tu energía y tus recursos, está bien:

A. Priorizar tus necesidades

B. Dejar de dar en exceso por causa de la desesperación

C. Utilizar lenguaje sencillo y directo

D. Establecer condiciones claras y precisas con los demás

E. Decir "NO" a los compromisos extra inesperados

F. Echarse atrás de un compromiso

G.   Hacer que la gente acepte documentos legales por escrito de tus límites profesionales

Ejemplos:

- **Priorizar tus necesidades:** Tienes permiso para conectar con tus necesidades primero y establecer términos claros antes de empezar cualquier actividad, trato o colaboración.

  ARREGLO DEL LÍMITE: Pregúntate: *"¿Qué gano yo? ¿En qué condiciones funciona esto para mí?"* Luego di en voz alta tus términos y condiciones, buscando una dinámica justa.

- **Dejar de dar en exceso por desesperación:** ¿Eres de esas que siempre da y da, pero recibe muy poco o nada a cambio? ¿O al menos, no en la proporción que esperabas? No hay ninguna necesidad de compensar en exceso por nada. Encuentra un balance justo. No busques el control a base de dar de más. Busca justicia estableciendo tus expectativas claramente. La gente no te ama porque les des más o pagues por ellos. Permítete ser amada por quien eres. Obtén claridad de antemano sobre el valor que estás intercambiando con los demás. Aclara los términos, el tiempo, el valor de los pagos. No esperes que los demás lean tu mente. Habla alto y claro y protege tu propio negocio sin codependencia emocional.

  ARREGLO DEL LÍMITE: Di: *"¿Qué esperas a cambio? ¿Qué te satisfaría por tu parte?"* y luego, *"lo que encuentro justo para mí y lo que espero a cambio es… tal y cual. ¿Qué opinas?"*.

MUJER HERIDA	MUJER DESPIERTA
Tolera comportamientos dañinos	Establece límites amorosos
Tiene miedo de hablar su verdad	Honra su verdad
Falta de valor propio	Reclama su valor
Busca validación externa	Valida desde su interior
Complace a la gente	Inspira a los demás para brillar
Se disculpa por ser quien es	Vive sin complejos
Tiene un diálogo interno negativo	Se habla a sí msia con gentileza

LAS REINAS CONVIERTEN EL DOLOR EN PODER

Vas a sobrevivir esta época.

Verás el otro lado.

Encontrarás paz en la confusión

de todo eso que ahora no tiene sentido.

Una mujer que está viva y despierta no tiene que esperar a que ocurra un desastre para recibir el mensaje. Lamentablemente, como nuestros instintos primitivos están tan heridos, la mayoría de las veces en nuestra vida solo entendemos el mensaje claramente cuando ya estamos metidas en un buen lío. Todas hemos sido heridas y nos hemos aislado. Tuvimos que lamernos las heridas en solitud.

Es ahí donde una Reina se toma su tiempo. Y luego toma una posición clara. Se convierte en su propio rescate, decidida a pagar el precio total por adelantado.

Sea un SÍ o un NO, la Reina tiene el coraje necesario para afrontar incluso la situación más aparentemente incómoda y enfrenarla claramente, expresando su declaración con humildad.

A estas alturas, ya sabes que las Reinas se empoderan desde dentro. No se puede perder tiempo en tonterías. No hay tiempo para albergar rencores o rumores sin fin.

En esta parte de tu viaje, es hora de que aprendas a convertir tu dolor en poder.

EJERCICIO DE SOMBRA:

Aquí tienes un ejercicio que aprendí de mi mentora Gina De-Vee y que me ayudó a transformar mi dolor en poder.

Las sombras nos alcanzan a través del miedo.

En la tabla a continuación escribe tu sombra específica (tu ser desempoderado, tu forma de ser impotente en el mundo, principalmente de manera inconsciente).

También te he puesto ejemplos. Nombra tu sombra. Sé intuitiva y creativa.

Luego, justo al lado, escribe la versión transformada, iluminada, de esa sombra. Una vez lo hayas hecho, piensa en el deseo que se esconde detrás de la sombra y que se empodera con su transformación.

SOMBRA	SOMBRA TRANSFORMADA	DESEO
Mi Yo-Cenicienta	Reina de Grandeza	Vivir en una hermosa casa y lucir con glamour
Privada de alegrías en los negocios	Reina de Alegría en los Negocios	Llegar a las 6 cifras en mi negocio
Miss "Nunca Suficiente"	Reina de Ganar Dinero	Saldar cualquier deuda del pasado y acumular 30.000$ en ahorros
Niña Pequeña no amada	**Reina de Amor**	**Crear una relación consciente y amorosa con mi pareja espiritual/marido**

HORA DE ESCRIBIR EN TU DIARIO

1. ¿Qué pinta tiene la versión saludable de ti misma en esa área?

____

____

____

2. ¿Qué elementos son necesarios para traer ese deseo hacia la manifestación?

____

____

____

3. ¿Cuál es la visión de tu deseo manifestado? Permítete tener claridad en tu visión.

____

____

____

4. ¿Qué intentaba renegar?

____

____

____

5. ¿De qué aspecto de mi vida necesito tomar posesión plena?

____

____

____

6. Practica una visualización creativa de tu resultado y situación ideales en esa área. Escribe tu visión precisa.

____

____

____

____

____

PARTE II

ACÉRCATE A TU NUEVO DESTINO COMO REINA

CAPÍTULO 6

LAS REINAS DESTILAN PRESENCIA REAL

"Deja que los demás vean su propia grandeza cuando te miren a los ojos."

— *MOLLIE MARTI*

¿Sabes esa mujer que entra en la habitación, que impresiona a todo el mundo desde el primer momento, que comunica un mensaje y a la que siguen todas las miradas, escuchando cada palabra que dice?

Esa mujer demanda atención y respeto desde el momento en que aparece, no por el volumen de su voz, sino por su sabiduría y su confianza. Se adueña de la habitación con osadía, pero sin pretensiones. Todo el mundo aprecia el brillo de su resplandor femenino. Hay algo de su comportamiento que domina el espacio en el que se encuentra. Algo en su presencia anuncia que la Reina ha entrado en la habitación.

Una mujer que representa el ejemplo más destacado de una presencia poderosa así fue la Princesa Diana. Su presencia hacía el entorno más brillante. Era capaz de encantar a su público desde el momento en que aparecía, se presentaba con elegancia ante sus deberes públicos, tomando una posición atrevida como líder femenina.

Esa mujer tiene lo que se llama presencia real. Esa mujer serás TÚ.

UNA REINA HABLA ANTES DE ABRIR LA BOCA

Cuando una Reina habla, todos están ansiosos por escuchar. Sus palabras son perlas de sabiduría. Qué contraste con lo que se observa normalmente al hablar con una mujer aún inconsciente. En vez de poderosas palabras de sabiduría que inspiran y elevan a los demás, oirás conversaciones basura sin sentido. Rumores, palabrotas, culpa y palabras de descontento.

SÉ LA EXCEPCIÓN

Sé La Mujer Grácil, Cariñosa, Feroz, Capaz e Inteligente con un espíritu hermoso y un corazón receptivo.

Vivimos en un tiempo en que muchas mujeres se sienten emocionalmente agotadas y abandonadas, suplicando por el más mínimo signo de atención y afecto. Perdemos nuestra base emocional, nuestro sentido de dignidad, cayendo presas de las reacciones desesperadas.

Las partes inmaduras dentro de nosotras nos hacen perseguir desesperadamente la aprobación y validación de los demás. Nos hacen encogernos, sacrificarnos y dudar de nosotras mismas. Nos hacen perder nuestra Presencia Femenina. Yo solía ser esa mujer también. Y sé cuán devastador es este modo desesperado en la vida de una mujer.

Si mi Corazón pudiese pronunciar palabras, en esos momentos diría:

:: Esta no eres Tú, Querida, es una impostora.

Muéstrale a esta usurpadora donde está la puerta, por favor ::

Puedes apreciar y ser agradecida por esos momentos en los que las partes de ti que aún tienen miedo se activan. Después de todo, no quieres arrastrar estas cosas eternamente.

En tu viaje de ascensión, tus falsas creencias y juicios saldrán a la luz constantemente para que los observes a través de circunstancias que pueden golpear tu Corazón duramente.

Démosle al botón de EMPEZAR DE NUEVO. Hagámoslo de nuevo, y esta vez hagámoslo mejor.

UNA REINA SIEMPRE SE ELEVA POR ENCIMA DEL ESTÁNDAR Y REESTABLECE EL LISTÓN.

Las Reinas verdaderas no necesitan luchar nunca por atención porque poseen el don de la presencia. Cuando una mujer reconecta con esa presencia, toda su vida se transforma. Se vuelve más atractiva, arraigada y sensual.

¿QUÉ ES LA PRESENCIA ENTONCES?

La Presencia se trata de excelencia y clase auténticas. Va mucho más allá de la simple existencia física en un tiempo y espacio.

La presencia de una Reina se encuentra en su energía interior que emana en el exterior. Su aura. El centro de su esencia. Una voz silenciosa de dignidad. La combinación de sus gestos, miradas y comportamientos. La presencia que emana del Alma de la Reina es noble. Una mujer así se caracteriza por su ambición, ética de trabajo, madurez y habilidades de liderazgo.

Es pura por dentro. En todo momento, se empodera desde dentro. Dicha mujer se siente segura de sí misma, sin necesidad de una validación externa. No carece de definición. Al contrario, modela el carácter excelente de su ambiente, con gracia y humildad.

DESARROLLA TU PRESENCIA FEMENINA

¿Deseas atraer la atracción que quieres? ¡Eso pensaba! A continuación, voy a compartir contigo las mejores prácticas para desarrollar esa cualidad magnética que hace que llames la atención.

La energía femenina en tu cuerpo se concentra alrededor de tus caderas y tu bajo vientre ascendiendo hacia el Corazón. Para ser aún más específicas, el centro de presencia de una mujer se encuentra en el área a unos 7cm por debajo de tu ombligo. Mientras que la energía masculina se encuentra en el torso y la parte superior del pecho y brazos.

¿Has observado alguna vez que, sobre todo cuando estás estresada y cansada, tu energía va hacia esa parte superior de tu cuerpo? Hablo de esos momentos en que tu atención está fuera, estás dando vueltas mentales en tu cabeza, absorta en tantas cosas externas de las que tienes que hacerte cargo. Tensas los brazos, te metes demasiado en tu cabeza y al mismo tiempo pierdes contacto con tu cuerpo y acceso a tu intuición. ¿Qué le pasa a tu presencia en esos momentos?

Cuando nuestra atención está FUERA de nuestro cuerpo, nuestra presencia femenina desaparece.

Cuando nuestra atención está DENTRO de nuestro cuerpo, nuestra presencia femenina reaparece.

MEJORES PRÁCTICAS PARA AUMENTAR TU PRESENCIA ENERGÉTICA:

- **Perfecciona tu poder energético como mujer.** Antes de entrar en una habitación, o cuando estés a punto de comunicar un mensaje importante, centra conscientemente tu atención hacia ese punto de poder, 7cm por debajo de tu ombligo. Céntrate en el espacio de tu matriz y pon tu atención en esa área. Conecta con tus caderas. Toma aire centrándote en esa área. Luego, una vez conectada, habla desde ahí, permitiendo que fluya con gracia femenina. Desde ahí, las personas se relacionarán contigo de manera distinta y mucho más profundamente. Confía en mí, tu interlocutor y tu público notarán una gran diferencia.

PRESENCIA FÍSICA:

1. **Cuando estés de pie, comprueba tu postura.** Conecta con tu cuerpo. Reconoce y acepta tus curvas. Relaja los hombros hacia atrás y mantén la cabeza en alto. Imagina que la parte superior de tu cabeza se estira hacia el cielo, alargando tu columna vertebral.

2. **Cuando estés sentada, toma espacio.** Si has sido invitada a la mesa, es porque perteneces allí. No te hagas un ovillo, con los hombros encogidos, cruzada de brazos y piernas. Pon los dos pies en el suelo, abre el pecho. Esto permite que tu respiración fluya más y que tu voz suene más segura.

3. **Cuando conozcas a alguien, míralos directamente a los ojos.** Esto transmite seguridad en ti misma.

ESTABLECE TU VOZ ÚNICA:

Cuando era pequeña, recuerdo que a menudo me hacían callar. ¿Te sientes identificada? A veces me decían que hablaba demasiado o en el momento inoportuno, como cuando mis padres necesitaban descansar. Durante mucho tiempo hice que eso significara que nadie quería escucharme, así que de ¿qué sirve usar mi voz? Tener una opinión solía meterme en problemas, así que desde una edad temprana empecé a censurarme. En vez de hablar, me convertí en una escritora ávida y empecé a escribir en mi diario.

Con el tiempo, acabé ocultando mi verdadero yo durante décadas. Puse a los demás por delante de mí constantemente (diciéndome que no a mí misma) para mantener a la gente cerca de mí. Me aplasté a mí misma, renunciando a mi derecho a defenderme. Soportando pasivamente la realidad.

Como mujeres, no necesitamos sonar como hombres para ser escuchadas. Tenemos que darnos permiso a nosotras mismas para expresar nuestra propia voz de una manera que exprese la Verdad de nuestro Corazón:

A. **Vigila el lenguaje que usas.** Asegúrate de que tus palabras expresen tu nivel de educación y cultura. Te sugiero que te deshagas de la vulgaridad verbal pública. Las palabras tienen consecuencias. El precio es tu reputación. Sé un ejemplo. Sé la excepción. ¿No puedes encontrar palabras más educadas en tu vocabulario para comunicarte? Deshazte de *"Estoy teniendo problemas... Lo siento mucho..."* Presta atención a cuántas veces te disculpas y pregúntate si una disculpa es realmente necesaria, o si es un hábito excesivo que perpetúas por la necesidad de ser excesivamente amable y que, por lo tanto, tienes que romper.

B. **Elimina la duda cuando comuniques un mensaje.** En lugar de comenzar con *"Quizás podemos empezar así..."* cambia a *"Yo recomiendo este enfoque"*. ¡Notarás que tus palabras tienen más impacto!

C. **Practica, practica y practica aún más.** No en tu cabeza, sino en voz alta. Practica delante del espejo y pide críticas constructivas a gente de confianza. Te sorprenderá la diferencia que notas.

Tu Presencia Personal es tu Poder. Tu Impacto. Tu Confianza. Ese poder dentro de ti al que puedes acceder en todo momento. Lo único que tienes que hacer es establecer una intención: *"Reclamo todo mi poder. Elijo brillar completamente con mi luz"*.

Usa deliberadamente tu presencia para el bien de los que están en contacto contigo. Deléitalos. Encántales. Bendícelos. Abre la boca para bendecir, sanar e inspirar a los demás. Preséntate en público con orgullo y autoestima. Así que, la próxima vez que salgas, relaja los hombros y alza la barbilla. Practica caminar con clase. No estés disponible para el autodesprecio o para encogerte.

Reconoce con humildad cuánto valor aportas a la habitación sólo con tu persona.

PRESENCIA: AMOR PROPIO INCONDICIONAL

El amor propio es muy importante. Porque cuando estés sola a las 3 de la mañana, tumbada en el suelo temblando y deshaciéndote en sollozos y deseando que todo termine, ¿quién estará allí para ti? TÚ. Tienes que levantarte y encontrar la fuerza para seguir adelante. Al final, tú eres todo lo que tienes.

En mi propio viaje, he observado que mi presencia personal crecía más cuando sentía la vibración de amor incondicional hacia mí misma. Deja que me explique. El mundo de la autoayuda nos anima a practicar el amor propio. Dirígete palabras dulces y mímate. Eso está muy bien. Pero ¿quién te quiere cuando estás enfadada, cuando tienes miedo, cuando te defiendes o atacas? ¿Qué me dices de esas veces en que lo único que quieres es castigarte, que no te gusta tu apariencia o cuando te das cuenta de que, de nuevo, no has ido a por todas? ¿O cuando te avergüenzas de ti misma?

Bueno, esa persona tienes que ser tú. Te mereces tu propio amor incondicional.

En esos momentos, sólo amor propio básico no era suficiente para mí. Necesitaba más. Necesitaba un amor incondicional radical, profundo, inmediato. Necesitaba reconocer que soy la Fuente de mi realidad. Necesitaba romper la cáscara de mi Corazón y abrirlo en los momentos en que más quería cerrarlo. Cuando una amiga me dijo su verdad, pero aún así me dolió. Cuando me rechazaron. Criticaron. Abandonaron. Para mí, eso es una práctica espiritual muy dura.

En vez de machacarme o cerrar mi corazón, volví a lo básico. Cogí un espejo. Me volvería presente, primero de todo, con mi propia Alma. Me miré a los ojos y dije en voz alta:

"Justina, Yo te amo incondicionalmente".

Y me lo repetía por lo menos 20 veces. La primera vez que lo hice, estallé en lágrimas. Si te ocurre lo mismo durante este ejercicio, permite que las emociones fluyan a través de ti.

Sentir es sanar. Con más repeticiones, noté una conexión más profunda y un nuevo nivel de autoaceptación. Te recomiendo que empieces ofreciéndote a ti misma esa profundidad de amor incondicional también. Calma el Alma.

Antes de terminar este capítulo, deseo compartir una práctica más que me empoderó tremendamente. Aprendí esta práctica en particular de una mujer increíble y que admiro mucho. Ella es una verdadera Reina de su vida. Su nombre es Lisa Nichols, una oradora motivacional estadounidense.

En uno de sus discursos, Lisa compartió esta práctica que la ayudó a levantarse en un momento que la vida la golpeó y necesitaba encontrar fuerza para enfrentar sus desafíos:

Lisa recomienda practicar con las 3 declaraciones que encontrarás a continuación. Sustituye tu nombre y trabaja cada declaración, una a una. Yo lo escribía en mi diario, pero puedes estar presente con ello tanto en la ducha como delante del espejo del cuarto de baño, etc.:

- **(Tu nombre), estoy orgullosa de ti por:**

La intención de esta declaración es celebrarte. Se nos enseña a no sentirnos demasiado orgullosas de nosotras mismas y a ignorar nuestros méritos. Estamos infracelebradas. Sin embargo, necesitamos ese sentimiento de victoria para tomar impulso. Para sentirnos bien con nosotras mismas y bien asentadas en lo que hemos sido capaces de hacer realidad.

Luego, enumera o di en voz alta 7 cosas de las que estás orgullosa de ti misma. Desde lo más pequeño como maquillarte súper bien, hasta cosas como ganar X dinero. Todo cuenta.

1.

2.

3.

4.

5.

6.

7.

A continuación, practica la liberación y el autoperdón. Nuestros pensamientos hirientes quieren invadirnos constantemente. Yo encontré una liberación enorme practicando esta declaración. A menudo se me llenaban los ojos de lágrimas, pero luego… podía respirar mucho mejor. Me sentía más erguida. Quiero lo mismo para ti.

- **(Tu nombre), te perdono por:**

1.

2.

3.

4.

5.

6.

7.

Por último, el compromiso propio. Nos comprometemos tan fácilmente con lo que los demás quieren, que acabamos perdiendo de vista lo que es mejor para nosotras. Yo usé esta declaración para comprometerme de nuevo con lo que mi Alma me pedía. Y los días en los que pensaba mantenerme fiel a lo que me había prometido a mí misma por la mañana, ¡funcionó de maravilla!

- **(Tu nombre), me comprometo contigo a:**

1.

2.

3.

4.

5.

6.

7.

1. ¿Qué es para ti profundizar en tu presencia femenina?

____

____

____

2.¿Qué empezarías a hacer más?

____

____

____

3. ¿Qué dejarías de hacer?

____

____

____

____

____

____

CAPÍTULO 7

LAS REINAS RECLAMAN SU VALÍA CON RESPETO

"Hasta no te valores a ti misma, no valorarás tu tiempo. Hasta que no valores tu tiempo, no harás nada con él."

— *M. SCOTT PECK*

CUANDO NO TE SIENTES DIGNA

Muchas de nosotras tenemos una creencia profunda de que nacimos no siendo dignas. En nuestra cultura sufrimos emocional y mentalmente de una epidemia de indignidad. La herida de la indignidad es profunda. Las razones por las que nos sentimos así pueden encontrarse fácilmente en algunas palabras o eventos dolorosos de nuestro pasado que nos hicieron perder contacto con nuestro verdadero valor.

Como mujeres evolucionadas espiritualmente, todavía hemos dejado demasiado espacio para cuestionarnos nuestra propia valía en cada paso del camino. Tenemos miedo de no ser nosotras mismas al 100%. Nos preocupa si realmente podemos conseguir el objetivo que nos gustaría establecer. El diálogo interno de nuestra cabeza repite *"¿Soy lo suficientemente buena...?"* Para ese hombre. Para los clientes. Para esta cantidad de dinero. Para tal cuerpo. Para una casa así. Para tanto impacto. Para una vida así. Nos quedamos paralizadas con esta pregunta. Nos frenamos, comparándonos constantemente y esperando esa validación externa para poder dar el salto. Para hacer algo atrevido. Como resultado, aplastamos nuestra autoconfianza, nuestros negocios, y nos quedamos atrapadas, y la gente a la que nos comprometimos no reciben nuestros servicios.

Ese nivel de menosprecio hacia ti misma y los pensamientos de mente pequeña reflejan una parte nuestra aún por madurar que no nos hace ningún bien. Tenemos que sanar esa parte con amor y reclamar un verdadero sentido de nuestro valor.

Te diré una cosa… una conversación así está ¡pasadísima de moda! Esa NO eres tú ,para nada. Observa todo lo que representas, cuánto has superado en tu vida, cuánto valor aportas a los demás y, por último, los dones que Dios te ha dado… ya va siendo hora de restaurar lo que una vez se rompió. O sea, el conocimiento profundo, esa convicción profunda de cuánto significas para este mundo y cuán valiosa eres para todos nosotros. Es hora de redescubrir qué gran tesoro eres para los demás y también cuánto deberías apreciarte.

¿Estás abierta y dispuesta a reconocer y empezar a vivir la verdad en tu vida pasito a pasito?

En mi propio viaje, como la hija mayor de un padre alcohólico, reestablecer mi sentido del valor propio fue una lección muy grande para mí. Siempre me he considerado una chica bastante sociable, lista y atrevida. *"¿Yo, baja autoestima? ¿Me estás tomando el pelo?"* Sin embargo, los resultados en mis dinámicas de relaciones, interacciones con mis clientas o elecciones financieras me mostraron lo contrario. Tuve que enfrentarme a este problema de frente y deshacerme de los filtros delirantes de mi ego. La base de mi sufrimiento era un sentido de *"no suficiente"*. Así que un buen día, admití ante mí misma en mi diario *"¿Sabes qué, Justina? Realmente quiero valorarte a un nivel mucho más alto. Eres una Superestrella y lo sé. Pero hay algo en mí que tiene mucho miedo de admitirlo"*. Esa mañana conecté con la parte inmadura de mí que se sentía completamente indigna… me sorprendió tanto detectarlo dentro de mí.

¿!Yo!? ¡Una mujer exitosa, atractiva, inteligente, que habla 4 idiomas, ha viajado por todo el mundo, llena de pasión por su propósito de elevar la conciencia de las mujeres alrededor del mundo! Sí. Esa misma mujer, en el fondo aún llevaba a cuestas una Niña Pequeña, tímida y desesperada, que se avergonzaba de sí misma y se veía completamente indigna e impotente. Al principio me avergonzaba reconocerlo. Se me subieron las lágrimas a los ojos. Pero, después de un tiempo, mi Alma de dio fuerza para tomar responsabilidad total de esa parte de mí. Sin embargo, la palabra clave en ese momento era: *gentil*. Tenemos que darnos una espacio de sanación gentil, con un enfoque gentil y respetando nuestros mecanismos de defensa inconscientes. Éstos crearon una forma de ser para protegernos y garantizar nuestra supervivencia, aunque pueda parecer contraproducente. Mi sensación de ser indigna en el mundo me impidió ir a por todas, enorgullecerme de mí misma, ser vista como mi verdadero yo, asegurando, por lo tanto, que no me rechazaran, criticaran o ridiculizaran.

Ahora, cuando me asaltan viejos pensamientos de duda o indignidad y me doy cuenta de que quiero dar un paso atrás por el miedo… me digo a mí misma *"Justina Verdadera, por favor, ¡manifiéstate!"* lo hago de manera intencional, para ponerme en contacto con las partes más saludables de mi personalidad y tomar mis decisiones y acciones desde ahí. ¡Siempre me impulsa a tomar medidas más audaces!

SIENTE TU VALOR

Siempre has sido hermosa y valiosa. Ahora simplemente estás decidiendo ser más inteligente, más rápida, más fuerte, más preparada, más atrevida… Mantén esa perspectiva.

El error en nuestra percepción sobre el valor verdadero es que dejamos que sean los demás los que lo confirmen y lo reflejen. Sería algo así:

- *"Si me elige y me ama, eso quiere decir que soy valiosa y digna de amor."*

- *"Si ese cliente me contrata y me paga esta tarifa, sabré que soy lo suficientemente digna como para cobrar a este nivel."*

- *"Si mi jefe reconoce mi trabajo y dedicación, sabré que soy digna de un ascenso, etc."*

Sin embargo, nunca funciona así. No podemos esperar que los demás hagan por nosotras lo que nosotras mismas no estamos dispuestas a hacer. O sea, valorarnos nosotras mismas primero.

Tu valor no proviene de las opiniones que los demás tengan sobre ti. Ni de su aprobación por lo que haces o si te dicen que sí o que no. Me encanta como lo explica Brené Brown, autora y oradora estadounidense: *"Si tú no te encuentras también en la arena recibiendo golpes, no me interesan tus comentarios"*. ¡BAM! Reflexiona.

Lo que te dan o no te dan, lo que te dicen o no te dicen, no debe impedir que expreses tu propósito. Al contrario, debes estar tan profundamente asentada en la verdad de tu propio valor, cuán gloriosa y capaz eres, que NADA, absolutamente nada, pueda frenarte o sacarte del juego.

Tu valor como mujer no está determinado por el estado de tu cuenta bancaria actual, ni por tu peso, ni por tener un hombre a tu lado ni por tu apariencia. Viene directamente de Dios. Sin embargo, muchísimas veces deseamos de los demás justo lo que sólo Dios puede hacer por nosotros. Asentarnos en nuestro valor y nuestro destino. Repito: Tu valor proviene de Dios. Por lo tanto, eres incondicionalmente digna.

* "Mi valor proviene de Dios. *

* Tu aprobación o desaprobación no significan nada para mí." *

Con demasiada frecuencia nos consideramos inadecuadas para la misión que Dios nos ha asignado. *¿Quién? ¿Yo? ¡Ni* *hablar!* Incluso la Biblia nos muestra ejemplos legendarios como el de la Reina Esther, una niña judía huérfana que fue llamada a ser la Reina de Persia. Tuvo que aceptar con dignidad su Llamado Divino y entregarse al plan de Dios. Dios tiene un gran plan para tu Vida.

Dios te ama y puede hacer cualquier cosa, incluso con tus piezas rotas. Camina con fe, no con miedo. Di en voz alta al Universo:

"Sé que SOY tu elegida, Dios.

Acepto humildemente mi Llamado Divino. Recibo tus bendiciones, Dios.

Ahora veo cómo encajo en el mundo y cuán valiosa soy y cuánto me necesita el mundo. Te agradezco tu guía siempre presente en mi camino."

Es imperativo que, como la Reina que eres, dejes de contar con los demás para confirmar tu valor. No necesitas su aprobación para sentirte bien contigo misma. No necesitas su ánimo para sentirte bien contigo misma. Lo que necesitas en esos momentos es estar ahí para ti: alentándote, aprobándote, haciéndote sentir bien con lo que haces.

Puede reflejarse en comportamientos como estar dudando siempre de ti misma, dependiendo siempre de verificar con los demás lo que es mejor para ti o qué deberías hacer a continuación. No me refiero a que tener una perspectiva más amplia a través de los ojos de los demás sea malo. Lo que quiero decir es que los demás no pueden saber qué es lo mejor para ti, tus deseos y el crecimiento de tu Alma. Lo que necesitas en este punto es conectar tanto contigo misma y tu valor único en el mundo que encuentres el coraje para tomar esa decisión tan atrevida que tu Alma te está suplicando que tomes, a pesar del miedo, a pesar del riesgo, a pesar de las probabilidades. Y que seas completamente responsable de ti misma y que en cada paso del camino sigas preguntándote: *"¿Cómo puedo ser más responsabilidad de mis resultados en esta situación?".*

REGLA DE REINA:

LAS REINAS SON MUY HÁBILES A LA HORA DE TO-MAR DECISIONES ATREVIDAS POR SÍ MISMAS

"Cuando alguien te trata como si fueras una de muchas opciones, ayúdales a simplificar su elección quitándote de la ecuación. A veces tienes que intentar que no te importe, aunque en verdad te importe mucho. Porque a veces puede que no signifiques mucho para alguien que sí que significa mucho para ti. No es orgullo, es respeto propio. No des a gente temporal un puesto a tiempo completo en tu vida. Conoce tu valor y lo que tienes que ofrecer y nunca te conformes con nada menos que lo que tú deseas."

TIENES QUE ENCONTRAR EL CORAJE PARA ABANDONAR LA MESA SI YA NO SE SIRVE RESPETO

Las mujeres con un sentido del valor propio herido tienden a ser demasiado leales, incluso ante la evidencia de que la otra parte no lo merece. En vez de ver la situación completamente por lo que es, siguen esperando que las cosas cambien. Pero las cosas no cambian. O empeoran. Se pasan años en relaciones que ya no las ayudan a crecer ni satisfacen sus necesidades. Mantienen viejas amistades que no aportan ningún valor a sus vidas sólo porque se conocen desde hace mucho tiempo. Siguen esperando e insistiendo en clientes de ensueño que sólo les dicen que no. El coste de tales dinámicas son sus preciados recursos como una energía mental agotada por pensar demasiado, dinero malgastado y el tiempo de su juventud.

LA GENTE EN GENERAL REFLEJARÁ

LO QUE TÚ CREES DE TI MISMA

Como Reina, tienes que honrar y respetar tus recursos emocionales, mentales y financieros, da igual si son grandes o pequeños.

Una mujer con un sentido del valor propio saludable no quiere a NADIE que no la quiera. Tiene más sentido dirigir tu energía hacia cosas sobre las que tienes control como tus responsabilidades, tus decisiones y tus emociones. Por el contrario, ser energéticamente dependiente de las reacciones de alguien más, da igual si esa persona está ahí para ti o no, te pone en un lugar que no puedes controlar, ahí estás regalando tu poder. No hagas eso. Sé lo suficientemente valiente para redirigir tus recursos estratégicamente donde sean apreciados, valorados y bien invertidos a largo plazo.

LA MEJORA CONTÍNUA ES MEJOR QUE LA PERFECCIÓN RETRASADA

Otro patrón de un valor propio herido es una persecución desesperada por la confirmación y reconocimiento externos. Proviene de una autoimagen negativa formada en la infancia. Para arreglarlo, en la edad adulta, las mujeres así se convierten en perfeccionistas. Rescatan a los necesitados, son atentas, trabajadoras, se sacrifican demasiado y se dedican a los demás, pero a cambio esperan gratitud y gestos de amistad y amor.

Sin un instinto saludable sobre tu valor propio puedes:

- **Autosacrificarte o dar en exceso** para recibir signos de amor, aprobación o validación y, finalmente, demostrar que eres "lo suficientemente digna".

- **Apegarte demasiado emocionalmente y ser extremadamente leal**, justificando el comportamiento no reciproco, esperando en vano, no estableciendo términos claros para no acabar malgastando tus recursos.

- **Negarte a ver la imagen completa** con respecto a una situación problemática y verla sólo selectivamente, omitiendo las partes importantes pero desagradables que, si se asumieran, al principio te dolerían un poco y luego te obligarían a asumir toda la responsabilidad del resultado.

- **Malgastar tus preciados recursos** de tiempo, dinero y energía mental con situaciones, gente y lugares que no merecen la pena el esfuerzo.

INSEGURIDAD + REALEZA NUNCA COEXISTIRÁN

Desde muy temprana edad, se nos ha condicionado para pensar en nosotras mismas como en cierto modo incapaces y deficientes. Nuestra sociedad moderna está plagada de mujeres inseguras, tímidas o aterradas. Se cuestionan todo el tiempo, dándole vueltas al coco, llenas de confusión. Se quedan estancadas, incapaces de tomar riesgos o la decisión correcta para sí mismas.

No naciste insegura. Esa no eres tú realmente. Fuiste entrenada y condicionada para comportarte como una persona insegura. Se te ha adoctrinado con mentiras que te limitan. Se te ha enseñado a no alardear. A pensar en ti misma a un nivel muy por debajo al de una Reina… con lo brillante que eres ¡Superestrella!

Sin embargo, la verdadera voz dentro de ti, la voz de tu Reina Interior dice: *Soy capaz. Voy a hacerlo realidad. Soy una mujer que puede tener más poder en mi vida, con mi dinero y con mi contribución al mundo.*

La inseguridad es una actitud mental que nos fuerza a estar por debajo de nuestro potencial por causa del miedo y la vergüenza.

La negatividad y el dudar de una misma nunca van de la mano del poder y la prosperidad. Una mentalidad así tiene que erradicarse de tu conciencia a la fuerza. Puesto que el miedo, la inseguridad y la duda nunca abandonan la mente voluntariamente, se alimentan de tu energía. Tienes que cerrar ese espacio mental. Tienes que manejar tu mente y redirigirla de las cosas que no importan. Di NO. Di BASTA.

Tu bajo autoestima y tus inseguridades pueden ser causados por haber tenido algún tipo de experiencia con tu cuerpo como que te señalaran o criticaran. Lo siento mucho. Siento tanta compasión por ti. Pero ahora, tu sanación consiste en enseñarte a ti misma a estar orgullosa de tu cuerpo. Para eso, lo único que necesitas es mirarte al espejo y enamorarte justo de lo que Dios te ha dado. Quiero que te sientas segura a pesar de tus duros juicios sobre tu talla y forma, de que hay un hombre inteligente y cariñoso que sueña exactamente con lo que tú representas.

RECLAMA TU SEGURIDAD FINANCIERA

Las Reinas son muy buenas para disponer y manejar los recursos. Han aprendido a ser financieramente sofisticadas, prudentes e ingeniosas. Y lo más importante, han aprendido a mantenerse firmes, con los pies en la tierra. Sin duda, los tiempos han cambiado mucho. Soy una gran defensora de recibir con gracia, especialmente de los hombres. Aprecio absolutamente la protección y provisión masculinas. Pero soy más defensora aun de ser depender de mí misma para mi bienestar financiero. Asumiendo responsabilidad personal, especialmente en esta área. Sin embargo, la mayoría de las mujeres no están preparadas para prosperar por sí solas financieramente. Con demasiada frecuencia, es posible que ni nos demos cuenta cuán dependientes somos hasta que nos encontramos cara a cara con nuestra propia crisis.

Una figura clave, a quien considero una Reina de Ganar Dinero, es la famosa inversora Kim Kiyosaki. Kim advierte que nuestro autoestima está muy ligado a nuestra capacidad de mantenernos a nosotras mismas. Es un excelente ejemplo de cómo las mujeres empoderadas tienen relaciones saludables con ganar dinero, manejar dinero y multiplicar dinero.

Las estadísticas sobre mujeres y dinero son alarmantes[4]. En los Estados Unidos:

- El 47% de las mujeres mayores de 50 son solteras.

- Las mujeres tienen menores ingresos de jubilación porque pasan 14.7 años fuera del trabajo en comparación al 1.6 de los hombres.

- El 50% de los matrimonios acaban en divorcio (Y las mu-

---

4   https://www.richdad.com/resources/rich-dad-financial-education-blog/may-2014/why-women-must-become-investors

jeres normalmente se quedan con los hijos).

- Después del divorcio, el nivel de vida de una mujer cae un promedio del 37%.

- Desde el año 2000, se espera que las mujeres vivan un promedio de 7 a 10 años más que los hombres.

- Es probable que el promedio de mujeres nacidas entre 1948 y 1964 sigan trabajando al menos hasta los 74 años de edad, debido a no ahorrar apropiadamente y a la poca cobertura de la pensión.

- 3 de cada 4 ancianos que viven en la pobreza son mujeres (el 80% no eran pobres cuando sus maridos estaban vivos).

- El 90% de las mujeres tendrán la responsabilidad exclusiva de sus finanzas a lo largo de su vida, pero el 79% no lo han planificado.

- El 58% de las *baby boomers* tiene menos de 10.000$ en jubilación.

Estos números señalan algo absolutamente clave. Tienes que valorar tener dinero en vez de gastarlo y dárselo a los demás demasiado rápidamente. La razón de esto es que los reinos en bancarrota no sobrevivirán o no serán efectivos en su propósito.

Tienes que asegurarte de estar financieramente asentada, protegida y provista. Así que tu trabajo consiste en ser tan financieramente inteligente como hermosa. Valora tener dinero. Aprecia el dinero. Usa tus recursos con sabiduría.

La Regla de Oro de las Reinas:

AQUELLA QUE TIENE EL ORO, HACE LAS REGLAS.

Hora de escribir en tu diario:

EJERCICIOS: Observa más profundamente tus creencias sobre tu valor:

1. ¿Qué tipo de Reina eres? ¿Cuál es tu autoimagen y tu diálogo interno? ¿Es empoderador?

2. ¿Te enorgulleces de en quien te estás convirtiendo? Si es así, ¿cómo? Si no, ¿por qué no?

a) Para poder valorarme más, tendría que cambiar mi pensamiento haciendo lo siguiente:

____

____

____

b) Para poder valorarme más, tendría que actuar diferente haciendo lo siguiente:

____

____

____

CAPÍTULO 8

LAS REINAS SE VISTEN PARA PROYECTAR PODER

"Los pantalones de chándal son un signo de derrota.

Perdiste el control de tu vida, así que compraste pantalones de chándal."

-KARL LAGERFELD

Una Reina es una mujer intencional. Como la posición de Reina es poderosa, requiere un alto nivel de responsabilidad. Por lo tanto, las reinas son intencionales, sobre todo en su manera de vestir. Debes prestar especial atención a tu atuendo.

BENDÍCELOS CON TU BELLEZA

No puedes no comunicarte. Todo lo que haces implica algún tipo de declaración. La ropa crea una declaración visual muy fuerte sobre cómo te sientes contigo misma. Un código de vestimenta apropiado también es una forma de mostrar respeto por la situación y la gente en ella. Se ha demostrado que la gente está más dispuesta a dar dinero o información a alguien si esa persona está bien vestida.

Yo siempre digo que no tienes que mostrar mucha carne para lucir atractiva. Sensual no significa vulgar. *Chic* no significa caro. La escuela francesa de elegancia femenina sugiere que sea todo menos ostentoso. Todo está en el arte de la sugestión. Como dijo una vez Sophia Loren *"El atractivo sexual es cincuenta por ciento lo que tienes y cincuenta por ciento lo que la gente cree que tienes"*.

Desde tu pelo hasta tus uñas, el cuidado personal es algo que a menudo se pasa por alto pero que, sin embargo, es importante. Priorizar tu cuidado personal puede reducir el tiempo de preparación y mejorar tu apariencia en general. Todo, desde peinados funcionales o uñas de bajo mantenimiento hasta una piel de aspecto saludable, puede enviar un mensaje de atención a los detalles, así como al conjunto completo.

Recuerda que el empoderamiento viene de dentro. Por lo tanto, deberías prestar mucha atención a lo que está pasando tanto interna como externamente. Evita las apariencias dramáticas y trabaja para resaltar tus características naturales con técnicas suaves y sutiles.

Una Reina exige atención. Evoca el factor "WOW" al público con su manera de presentarse ante el mundo. Quiere que la noten y garantizar que el público la vea entre la multitud.

LAS REINAS REESTABLECEN EL LISTÓN Y LO SUBEN

Cuando piensas en mujeres poderosas icónicas como la Princesa Diana, Carolina Herrera, Byron Katie, Beyoncé u Oprah Winfrey, una cosa que todas ellas tienen en común es un estilo distintivo. ¡Hay alguna razón por la que algunas mujeres nunca cambian su peinado! Así que ya sea tu silueta , la elección del color que llevas o tus trajes únicos, adoptar un aspecto característico te ayudará a desarrollar una identidad visual reconocible y predecible que pueda comunicar seguridad.

Tener clase va más allá de hablar educadamente. Es algo en ti. Cuando ves una mujer con clase, esta vibración proviene en su mayoría de cómo se mantiene. Quién se cree ser. Tienes que creer que eres una mujer con clase, y luego se mostrará por si solo a los demás.

EL PODER DE LA ROPA FEMENINA

La elección correcta de la ropa que usa una mujer no sólo influye en cómo se siente, sino que también crea una declaración vívida sobre quién es, qué quiere o de lo que es capaz.

El término "vestirse con poder" se entiende normalmente como un estilo de ropa utilizado para enfatizar y construir una posición, especialmente en los negocios y en política. Para mí, "vestirse con poder" simplemente significa que te sientes como tu yo más poderoso, seguro y cómodo. Vestirse con poder supone sencillamente que el atuendo sirve para crear la imagen de una fuerte profesional. De esta manera, puedes enfatizar tu autoridad o usar la ropa como ayuda en la lucha por el poder. Por lo tanto, la idea tiene un impacto muy concreto en la actualidad.

Cuando se trata de confianza interior, a veces el atuendo correcto puede funcionar como una armadura para darte ese impulso adicional que te falta, no sólo para verte bien sino también para sentirte bien y actuar en consecuencia. El propósito de vestirse para matar es ayudarte a sentirte mejor.

¿Cómo es "vestirse con poder" en la práctica?

Hay muchas ideas e implementaciones que pueden ser extremadamente distintas. Algunas aconsejan imitar la apariencia de los hombres, argumentando que de lo contrario una mujer no se encontrará en el mundo de los negocios o la política. Según otros, enfatizar la feminidad (incluso con la ayuda de un atuendo en tonos rojos) puede proporcionar cierta ventaja sobre los hombres, porque resalta entre la multitud. Algunos ven el "vestirse con poder" a través del prisma de normas estrictas que han dado buenos resultados en el pasado. Otros abordan el tema de una manera más creativa, buscando nuevas formas de construir una imagen convincente. De cualquier modo: siempre se trata de la interacción entre una mujer y su entorno en el ámbito profesional.

Echemos un vistazo a los colores. El azul oscuro se considera un color que se asocia con la profesionalidad y la autoridad. El gris se asocia a la solidez. El negro, según algunos estudios, es tratado como un color de poder y firmeza. Estos tres colores, elegidos tan a menudo por los hombres, fueron adaptados muy rápidamente por mujeres trabajando en negocios. Los estilos también tienen unas justificaciones parecidas. Percibimos automáticamente una línea clara y recta de brazos extendidos como un signo de fuerza, firmeza y seguridad. Las solapas apropiadas dan dinamismo a la silueta. Una camisa o blusa que cubra el escote garantiza, al mismo tiempo, que nadie mire al escote de la mujer en vez de a su cara. En muchos casos, el objetivo de las mujeres al vestir atuendos masculinizados es reducir las asociaciones eróticas en situaciones profesionales.

Reglas de Reina para "Vestir con Poder":

1. **Si muestras las piernas, cúbrete de arriba.** Si quieres mostrar escote, cúbrete más las piernas. Al fin y al cabo, no quieres parecer como que te estás esforzando demasiado ni que la gente dude de tu reputación…

2. **Ponte un vestido que te haga sentir como un millón de dólares.** No te gastes una fortuna en ello. Simplemente asegúrate que su textura se de buena a alta calidad y que te quede perfectamente.

3. **El encaje es muy elegante.** El negro es muy elegante. Los vestiditos negros son elegantes. La sencillez es la sofisticación máxima. CUIDADO: usa ropa interior del mismo color que tu ropa. Nunca te pongas un sujetador blanco con un vestido negro. También ve con cuidado con las prendas transparentes, a veces revelan partes que no queremos revelar.

4. **Rocíate.** Como decía Christian Dior, "una mujer no está completamente vestida sin una fragancia". CONSEJO: cuando te pongas perfume, no lo frotes. Déjalo secar so-

bre tu piel. Mis descubrimientos más recientes son: Molecule 01 EDT y Narciso Rodríguez EDP.

5. **Usa pintalabios rojo.** Mantén el equilibrio. Lápiz de labios rojo o sombra de ojos negra, no ambos. Un collar estupendo o unos pendientes hermosos. Mi tono de rojo favorito es Dior Rouge 999.

6. **Elige joyas de calidad o no lleves ninguna.** Menos es más. Ponte tus joyas hermosas y originales. Si no tienes, es mejor que no te pongas nada. Por favor, evita cualquier imitación barata u hortera. Opta por tus piezas básicas de calidad. Mantente fresca y compuesta en todo momento.

7. **El Diablo yace en los detalles.** Recuerda la manicura + pedicura. Depilación. Aliento fresco. Es el conjunto lo que importa. Estos detalles pueden arruinar completamente tu imagen y confianza. ¡No puedes lucir glamurosa con las uñas hechas un desastre.

EJERCICIOS PARA VOLVERTE REINA:

1. REVISA TU ARMARIO CON MUCHA ATENCIÓN. ¿Qué piezas están gastadas, tienen agujeros o manchas, pero aún las guardas? ¿Y las piezas de poca calidad de una tienda de segunda mano o un mercado local? ¿Te empodera llevarlas? Te sugiero que te permitas una catarsis de ropa y te deshagas de las prendas que ya no te valen o que no son dignas de una Reina.

2. Crea tu tabla de visión *Pinterest:* Mi Estilo Real, y empieza a colocar fotos que representen tu estilo y que te inspiren. No sólo es un muy buen ejercicio de visualización, sino que también puedes aprender mucho sobre estilo y a combinar ropa de manera coherente.

3. Cuidado personal: Haz que tu manicura + pedicura sean tus nuevos innegociables. Asegúrate de mantenerte fres-

ca en todo momento con perfume, desodorante y lencería sexy de calidad. ¡Tu Mujer Interior te agradecerá tener un sujetador entallado!

SERÁS RECORDADA
POR LAS REGLAS QUE ROMPAS

NO ES MI TRABAJO	MI TRABAJO
• Arreglar a las personas • Salvar a los demás • Ser gustada • Complacer a todo el mundo • Mantener las cosas en pie • Hacer que los demás estén cómodos	• Amar a la gente • Ser auténtica • Darme el amor que necesito • Hablar mi verdad real • Dar el siguiente paso • Respirar

PARTE III

VIVE TU VIDA SEGÚN REGLAS DE LA REINA

CAPÍTULO 9

LAS REINAS TIENEN RELACIONES PODEROSAS CON DIOS

Dios, gracias por mi vida.

Gracias por recordarme que tengo un propósito importante, que sólo yo puedo cumplir. me deshago de todas las formas de duda, desorden, vagancia y miedo. Me abro a la verdad de tu amor, poder, perdón y oportunidades. Deseo una conexión más profunda contigo. Deseo crear y cultivar un poder mayor. Sé que tienes las respuestas y soluciones a mis preocupaciones y miedos a través de los cuales he creado limitación, dolor y separación. Te pido Tu Sabiduría, guía y comprensión para superar estos tiempos de confusión. Por favor dame más visión para conectar con infinitas posibilidades- te pido una Mayor Conciencia. Lléname de tu amor incondicional. Gracias y te amo.

Amén.

RECONECTAR CON EL ESPÍRITU

Fortalecer nuestra relación con lo divino puede ser una de las experiencias más gratificantes de tu vida. Una vez estás abierta a ello, tu guía 1:1 de Dios puede catapultarte hacia nuevos niveles de tu realidad más emocionantes que ni siquiera considerabas posibles para ti. Por otro lado, también puede causar confusión. Puede hacerte que te cuestiones a ti misma. Que dudes. Al principio puede que te preguntes:

¿Ha sido realmente una Guía Divina? O *No recibo nada, no recibo nada. ¿Por qué Dios no se revela ante mí?*

No vayamos por ahí. Permítete pausar un momento. Establezcamos una intención distinta. Que nuestra intención juntas sea reconectar con el Espíritu de manera que restaure el equilibrio en nuestras Almas y nuestras vidas. De un modo que recibamos la claridad y la confirmación de que la respuesta proviene del Reino de los Cielos. ¿Trato hecho? ¡Vale!

LA FE ES CREER. NO CUESTIONAR.

Soy muy consciente de que a lo largo de tu vida puede que hayas tenido mucha razones para enfadarte con Dios. Cosas que no salieron como habías planeado. Un hombre que hirió tus sentimientos. Situaciones económicas que te fallaron. Un pariente tuyo que murió de repente. En resumen, la vida era demasiado dura. Te preguntaste *¿Por qué yo? ¿Por qué siempre tiene que ser tan difícil para mí, Dios?* Sin embargo, ninguna respuesta llegó desde arriba. Aparentemente nadie escuchaba tus plegarias. Te sentiste espiritualmente abandonada. Decepcionada. Huérfana. Te entiendo. Así que puede que digas: *Justina, ¿cómo se supone que debo establecer una relación poderosa con Dios, después de todo esto?* Me imagino que no es fácil. Pero estoy aquí para decirte que se puede hacer, o como dice Marie Forleo, se puede resolver.

Aunque tu juicio te diga lo contrario, Dios no te ha abandonado nunca, Dios te ha estado preparando para tu mayor destino. Pruebas, obstáculos y retrasos, todos esos momentos pusieron a prueba tu actitud. Puedo recordar fácilmente momentos en mi vida en los que yo también estaba por el suelo. Literalmente. Sin embargo, una cosa que me prometí a mí misma en mi peor momento de desesperación fue que no importaba lo que pasase, no lo usaría para destruir mi fe y darle la espalda a Dios. Tomé la decisión de no culpar a Dios por ninguno de mis fracasos o amargarme dándoles un significado negativo. Sabía que podía cambiar mis circunstancias al cambiar mis sentimientos sobre éstas. Por lo tanto, la Verdad de Mi Alma desde ese momento fue:

Dios está conmigo en esto. Confío en que Él me guiará paso a paso hacia la felicidad. Esto no es un castigo, es sólo un entrenamiento. Me estoy convirtiendo en mi ser más compasivo, bello e ingenioso al enfrentar este obstáculo, en estos momentos de no saber. Con Dios puedo superarlo. En este momento abandono cualquier pensamiento de desesperación e impotencia. Elijo de nuevo, y elijo el amor. Elijo sonreír, incluso a través de mis lágrimas. Gracias Dios por esta oportunidad de hacer crecer mi Alma.

Con tal actitud, me sentí empoderada inmediatamente y me enfoqué en 3 cosas que YO PODÍA controlar: mis pensamientos, mis emociones y mi actitud.

Así que déjame preguntarte: ¿estarías dispuesta a abrir tu Corazón a Dios conmigo, a pesar de las probabilidades? Si es así, déjame enseñarte…

ENTRÉGATE AL ALINEAMIENTO CON DIOS

El SEÑOR es mi pastor, nada me faltará.
Aunque pase por el valle más oscuro
no temeré mal alguno, porque tú estás conmigo.

-Salmo 23, la Biblia

Como mujeres guiadas Divinamente, buscamos nuestra sabiduría, nuestra resistencia y nuestra creatividad a través de nuestra práctica espiritual de recibir Guía Divina. Somos conscientes de que nuestra mente condicionada tiene una percepción muy limitada de lo que realmente es posible para nosotras. Es por eso por lo que la conexión con el Espíritu es nuestra prioridad #1. Nos damos permiso para recibir las respuestas y soluciones que anhelamos, no de nuestra mente limitada, sino del reino de las Posibilidades Infinitas.

Una Reina vive su vida para glorificar a Dios y elevar a los demás. Vive su vida en una Disposición Divina entregada. Es decir, su actitud espiritual refleja la voluntad de dar su vida y sus dones para una causa mayor que ella para el beneficio de los demás. Su llamado puede asustarla un poco al principio, hacerla sentir inadecuada para tal tarea o simplemente dudar de sus habilidades para llevarla a buen término; sin embargo, a través de todas estas etapas iniciales, continúa dispuesta a entregarse al llamado para el que Dios la destinó.

El liderazgo femenino está basado en estar dirigida por el Espíritu. Dejando espacio en nuestras rutinas diarias para escuchar a Dios. Utilizar discernimiento y seguir sabiamente con la guía y la seguridad que recibimos de nuestro Yo Superior. Trátalo como el gimnasio para tu Alma. Tus ejercicios espirituales. Porque Dios está ahí para ti, pero ¿estás tú ahí para Dios? En lugar de pedirle a Dios que haga cosas por ti, empieza a preguntar: *"Querido Dios, ¿qué puedo hacer por ti?*

Ser fuerte y gentil a la vez es una combinación que muy pocos dominan. Necesitamos acceso tanto a nuestro lado fuerte como al femenino, eso es un alma completa. Si bien puede sonar "masculino", convertirse en una líder valiente y capaz no tiene que endurecerte como mujer. De hecho, puede suavizarte, liberarte y sacar lo mejor de ti. Lo que necesitas es permitir más apoyo, más recursos y abrirte aún más a tu guía divina.

LIDERAZGO FEMENINO EMPODERADO	LIDERAZGO SOBREMASCULINIZADO
Tenerlo todo	Hacerlo todo tú misma
Prosperar en la comunidad & las relaciones	Aislarte en autosacrificio
Recibir orientación espiritual	Presionar para obtener todas las respuestas
Estar apoyada abundantemente por el Universo	Estresada & Estirada
Vivir expresada completamente como mujer	Compartimentar tu identidad

UNA REINA BUSCA ORIENTACIÓN DIVINA

Cuando rezas, Dios escucha. Cuando escuchas, Dios habla.

Y cuando crees, Dios mueve montañas por ti.

Dios se preocupa por nosotros espiritualmente. Nuestra Alma está compuesta por nuestra mente, voluntad y emociones. No hay una sola persona en este mundo que no haya experimentado algún tipo de dolor, decepción o pena en su alma. Pero la buena noticia es esta: Nuestro Pastor nos cuida, y Él puede restaurar la paz de nuestra alma. Él restaura y sana nuestra mente y nuestras emociones, renovando y fortaleciendo nuestras propias vidas. Entregarnos a la alineación con Dios nos trae paz automáticamente, sin necesidad de forzar, empujar o esforzarse demasiado. Sabes que estás respaldada por fuerzas invencibles. Y que las cosas pueden cambiar para ti de un momento a otro.

Como Reina, debes entrenarte para co-crear con Dios un estado llamado Santa Determinación, un estado de resistencia increíble + fe inquebrantable + un profundo nivel de seguridad en ti misma en el que NADA te distraiga de lo que está destinado para ti. En ese estado de ánimo, te atreves a ver el conjunto TOTAL del precio que tienes que pagar para conseguir lo que deseas. En la vida, preferimos ser selectivos y elegir solo la parte buena y dulce de nuestros deseos. Esa es la Mentalidad de Princesa. Sin asumir total responsabilidad de lo duro y difícil, como por ejemplo el tiempo, dinero y esfuerzo requeridos, no podremos tener éxito. Por no mencionar las consecuencias secundarias como: la posibilidad de rechazo, crítica, odio público o comentarios negativos. En un estado de Santa Determinación, apoyada por la guía Divina, lo tomas todo, con todo lo que implica la manifestación de tu deseo.

La voz de la Santa Determinación suena así:

- Seguiré persiguiendo lo que Dios puso en mi corazón. Me mantendré disponible para recibir lo que Él me prometió una vez en lo más profundo de mi Alma. No puedo ser pasiva y resentida.

- Tengo ese FUEGO ardiendo dentro de mí, y sé que estoy destinada para ello.

- No dejaré que las circunstancias me distraigan de lo que realmente está destinado para mí.

¿Para qué tienes Santa Determinación? Escribe tus reflexiones y cualquier momento AHÁ a continuación:

3 FORMAS DE PROFUNDIZAR TU RELACIÓN CON DIOS, CON LA FUENTE

Puedes pedirle a Dios ayuda y orientación. El cambio empieza con saber y respetar quién eres realmente y lo que Dios te ha llamado a hacer. Él anhela bendecirte y ayudarte a encontrar la felicidad. Al principio, puede parecer difícil aprender a rezar con fe y reconocer las respuestas de Dios, pero es posible.

La mejor manera de crear una relación personal con Dios es la misma manera en la que conoces mejor a alguien, a través de la comunicación y estableciendo, gradualmente, confianza.

1. **Háblale a través de la oración:** Pídele tranquilidad y amor. Yo solía pensar que necesitaba ciertas palabras elaboradas que me enseñaron en la Iglesia para que Dios me escuchara. Nada más lejos de la Verdad. Háblale a Dios con tus propias palabras, con reverencia amistosa, tal y como hablarías con un viejo amigo que te quiere y te apoya. Cuéntaselo tal y como lo sientes y cómo te gustaría que fuese. Reza no solo con palabras, sino también con sentimientos. Incluye tus sentimientos elevados en tus oraciones. Una cosa más: recuerda que rezar sin tomar acción no es rezar, es una ilusión. Una vez hayas entregado tu intención a Dios, asegúrate de cumplir también tu parte. ¡Ahí lo dejo!

2. **Lee textos sagrados y mensajes inspirados divinamente:** Estudia a Dios. Estudia la palabra de Dios a través de la Biblia, libros inspirados divinamente, enseñanzas o sermones. Cuánto mas te sumerjas en esta vibración, más resonarán tu Corazón y tu intuición con la belleza de su sabiduría. Serás capaz de implementarlo en tu campo y circunstancias personales de una manera más profunda.

3. **Crea tu espacio sagrado para lo Divino:** puede ser un espacio físico o espiritual en el que contemples y reconectes con lo Divino. Puede ser una esquina de tu casa donde pongas una vela o una pintura sagrada, una en-

trada en tu diario donde empiezas pidiéndole a Dios su sabiduría o un rato dedicado a la meditación en el que te centras en ser consciente de que eres Una con Dios, de que esta energía de amor te rodea y te envuelve, y tienes acceso y conexión a ella en todo momento.

A veces, el descanso que buscamos no proviene del dormir. A veces, el descanso que buscamos proviene de perseguir nuestros sueños.

A veces, el descanso que buscamos proviene de confiar en que nuestra bendición de Dios está a la vuelta de la esquina.

Por último, pero no menos importante, quiero dejarte una lista cortita de Estándares Reales de Reina que sumarán y apoyarán tu relación con Dios. Marca la opción a la que debes poner más atención:

Estándares Reales de Reina:

- **Autocuidado:** Honrar las necesidades de tu cuerpo y habitarlo completamente.

- **Dignidad:** Reconocerte a ti misma como Divino Femenino y confiar en tu sabiduría intuitiva.

- **Entorno hermoso:** Caminar y vivir con belleza.

- **Lenguaje consciente:** Hablar Tu Verdad de una manera respetuosa y empoderadora.

- **Autoestima fuerte:** No buscar nunca la validación externa de otra persona, honrar profundamente tu vida sentimental.

- **Autoempoderamiento diario:** Tener una rutina personal que fortalezca tu seguridad, confianza en ti misma y claridad en tu propósito.

- **Aislamiento sagrado:** Crear tiempo y espacio entre tú y

Dios y tomarte tiempo a solas, alejándote de malas compañías.

VISUALIZA TU YO SUPERIOR
Y EMPIEZA A MOSTRATE COMO TAL

UNA CARTA DE DIOS A TI,
DIVINA REINA....

Querida Hija,

¿Sabes que eres hermosa? Lo eres.

¿Sabes que te amo tal y como eres? Es cierto.

Aunque las montañas tiemblen y las colinas desaparezcan ¡yo te seguiré amando!

Soy Yo quien te ha creado, te puse en el vientre de tu madre y te conozco mejor que nadie en la Tierra. Conozco tus problemas y cargas porque las llevo contigo. Recuerda, nunca te dejaré ni te abandonaré. Aunque tus seres queridos te dejen, yo siempre te recibiré. Te mantendré a salvo en mi tienda cuando haya problemas y te colocaré en lo alto de una roca. No descansaré, cuidaré de ti en cada momento de tu vida. Para que puedas acostarte y dormir en paz.

Siempre estoy cerca de ti. Te sigo como una sombra.

Ven a Mí con la carga que llevas y yo te daré un descanso. Déjame toda tu ansiedad a Mí, pues yo cuidaré de ti.

Aunque camines por el valle más oscuro, no tengas miedo porque YO ESTOY contigo. Irás por tu camino en paz y tus pies no se tropezarán.

Te daré fuerza y poder, quiero darte un corazón indiviso y darte un nuevo espíritu porque te he llamado para la vida más perfecta. Si quieres, te enseñaré lo que no puedes ver, para que cambies tu corazón. Te mostraré el estilo de vida que quiero que sigas. Entonces, habrás vivido la vida al máximo. Yo mismo lo haré a través de ti.

Rechaza cualquier tipo de maldad, puesto que, aunque tienes derecho a hacer cualquier cosa, no todo es beneficioso.

Mantén el corazón puro y me verás. Sé humilde en tu comportamiento y no te centres sólo en tu belleza, pues ésta proviene del interior y se revela desde tu corazón. Sé noble y tu vida será un regalo para los demás.

Desarrolla bondad en ti y encontrarás el mejor de los dones. Protégelo de aquellos que no merecen verlo. Y recuerda que dónde quiera que esté tu tesoro, tu corazón también estará ahí. Mantente alejada de las conversaciones banales y las habladurías para que sólo salgan de tu boca palabras de ayuda para elevar a los demás. Sé confiable siempre. Que tu diligencia hable por ti. Vístete tanto con honestidad como con hermosas ropas y escucharé cada una de tus oraciones levantadas con perseverancia.

SOY el Dios del Amor. Mi amor vive en ti. Sin embargo, para amar a los demás primero tienes que amarte a ti misma. Eres hermosa tal y como te he creado. Eres como una rosa entre espinas. Así que no te compares con los demás porque tu valor no yace en lo que los demás piensan de ti.

No tengas miedo, no hay sitio para el miedo en el amor. Ama a tu esposo y no te perderás ni tropezarás. Sé la corona de tu esposo a través de tu nobleza. Y el que te he dado se sorprenderá. Tú eres suya y él eres tuyo. Lucha por vuestro amor y sé fiel a él ya que es por mi voluntad que sois uno. Tu belleza y alegría serán su deleite. Entrégate a él, esta es mi voluntad. Deseo harmonía entre tú y el hombre que te he dado. Por lo tanto, perdónale cuando te lastime. Sé que es difícil, pero busca la fuerza en Mí.

Sólo hay una pregunta, ¿quién quieres ser? ¿Qué quieres elegir? ¿Quieres transformar tu vida?

Espero pacientemente tu respuesta.

Te amo,

Tu Dios.

CAPÍTULO 10

LAS REINAS SE ENTREGAN (SOLAMENTE) A REYES

"Te debo un hombre completo. El Niño Pequeño no será suficiente.

Te debo una mujer completa. La Niña Pequeña me saca de quicio incluso a mí."

-GERARD WALPER

Anhelas un compañero íntimo. Un compañero con la misma pasión por la vida que tú y que sea tu igual en todos los sentidos; alguien con quien compartas tus valores y visión para crear un mundo mejor.

Muy a menudo, sin embargo, lo que buscamos en un hombre son las cosas que creemos que nos faltan. La confianza, fuerza interior, éxito material o expresión creativa. Nuestra Princesa interior puede que desee un multimillonario alto y guapo, con su Ferrari, vestido con trajes Hugo Boss y una casa preciosa. No hay nada de malo si él resulta tener todas esas características…

Pero seamos Reinas al respecto. Vayamos más allá. Echemos un vistazo a lo que realmente sería de servicio para la evolución de tu Alma. ¿Se trata realmente de sus posesiones, su estatus o apariencia?

La Reina de tu Interior anhela mucho más. Ella aprecia la presencia de un hombre, la claridad de su propósito, su energía masculina empoderada, sentirse emocionalmente protegida y a salvo con un hombre así. Alguien desarrollado espiritualmente y maduro psicológicamente. Un hombre con un fuerte vínculo espiritual con su padre y con una relación similar y saludable con los otros hombres de su familia. Un hombre lo suficientemente valiente como para tomar acciones para reclamarte. Un hombre que ame la vida. Un Rey.

Pregúntale a tu Alma: ¿Qué es realmente importante para ti en una pareja?

____

____

____

____

____

¿Qué buscas en una pareja que puedes desarrollar en ti misma?

____

____

____

____

____

HONRA TU PASADO CON AMOR

"La práctica espiritual es la capacidad de ofrecer tu amor incluso cuando te sientes herida, encerrada en ti misma, tensa, enfadada, incomprendida, rechazada, odiada… y mantenerte abierta al amor, incluso en las circunstancias más difíciles."

—DAVID DEIDA, MAESTRO ESPIRITUAL

Antes de poder llamar a tu Rey, se te pedirá que respetes las experiencias pasadas de tu corazón. Cada expareja te estaba enseñando, de algún modo, cómo amar. Sí, fue tu Maestro de Amor. Debajo de cualquier resentimiento secreto o sensación de injusticia hacia ti, había amor. La sanación de tu corazón consiste en acceder a ese amor, por encima de nuestro orgullo, ego y sensación de dolor.

El amor entre un hombre y una mujer es sagrado. Les pertenece sólo a ellos. Por favor, no compartas tus experiencias pasadas con una nueva pareja, te lo aconsejo honestamente. Mantén la clase. Guárdatelo para ti misma. Compartir tales detalles solamente debilitaría tu nueva relación y, además, quejándote de tu ex, estás pidiendo inconscientemente lo mismo de tu nuevo hombre. Así que nunca hables de tu ex. Nunca hables mal de él en voz alta o en público. Enséñate a ser respetuosa, a pesar de cualquier posible dolor del pasado.

Muchas mujeres, después de una ruptura, sienten que se excedieron y dedicaron demasiado tiempo y recursos a un hombre. Acaban sintiéndose poco compensadas, como que la relación no era equiparada, que su pareja no le dio lo mismo a cambio. En el fondo, aún quieren castigarle.

Por favor, no permitas que tus hijos se vean involucrados en cualquier daño espiritual hacia tu expareja o esposo. Por favor, no involucres a tus hijos en asuntos de adultos. Un comportamiento así está por debajo de ti, es espiritualmente inmaduro y, definitivamente, no es digno de una Reina.

Por favor, tampoco te precipites hacia otra relación demasiado rápido. Permite que tu corazón se aflija. Que viva ese amor hasta que realmente hayas acabado. Hasta que tu Corazón esté abierto de nuevo.

EJERCICIO DE SANACIÓN:

Ahora, por favor, recuerda una imagen de tu expareja. Mírale a la cara. En lo más profundo de tu Alma, puedes dedicarle estas palabras:

(Su nombre), gracias por todo lo que me has dado.

Ahora puedo ver que me diste mucho.

Lo tomo con gratitud y lo guardaré como un tesoro.

Lo que te he dado, te lo di queriendo. Por favor, guárdalo.

Espero que te haga bien. Siempre tendrás un rincón en mi corazón como ex:

pareja o padre de nuestros hijos.

Eres partícipe de mis éxitos y también tú puedes disfrutarlos.

Observa tus sensaciones. Observa qué ideas y sentimientos te venían al expresar estas palabras. Puedes escribir sobre este ejercicio en tu diario de "momentos ajá". Necesitas aceptar la relación por lo que realmente fue y buscar su finalización.

POR QUÉ SIGUES ATRAYENDO HOMBRES DÉBILES

Otro aspecto de la sanación femenina que vi entre mis clientas es el "síndrome de la mujer demasiado fuerte". Aquí tienes un ejemplo:

Ahí está ella. Una mujer fuerte, resistente, creativa y ambiciosa asumiendo el papel del hombre en una relación. Ahí está ÉL. Indeciso, inseguro, tímido, débil, sin fuerzas vitales, "niño pequeño perpetuo". Muchas mujeres pueden reconocer esa imagen. Y también lo hombres.

Hay varias razones detrás de una dinámica así:

- **Padres ausentes** debido a compromisos laborales (ya sea en el hogar o de los que requieren viajar/trasladarse), estrés en el trabajo, conflictos políticos y guerras.

- **Feminismo** como justicia kármica

- **Atomización social** y lazos familiares rotos (la muerte de la comunidad y el alzamiento del individualismo, estamos muy lejos unos de otros)

En tu infancia, ¿quién te hizo sentir exactamente de la misma forma que te sientes ahora, cuando tu hombre es débil? y ¿qué sentiste EXACTAMENTE?:

Impaciencia. Falta de apoyo. Soledad. Falta de amor. Resentimiento. Ira. Insatisfacción. No ser vista ni oída. Rabia. Miedo. Dolor emocional. Desdén.

¿A dónde te llevan todos esos sentimientos? ¿Hacia qué te está guiando ese hombre débil en tu vida?

HACIA TU MADRE. Es con ella con quien experimentaste todas estas emociones. Tu hombre, probablemente de manera inconsciente, pero con amor, te está guiando hacia tu madre.

¿Qué podemos hacer al respecto? Cuando atravieses momentos de dolor y confusión emocionales relacionados con la debilidad que ves en ese hombre, sigue estos pasos:

1. Date espacio y permiso para sentir esas emociones. Respíralas. Dile a esa emoción: *Puedes estar aquí conmigo.*

2. Imagina a ese hombre delante de ti.

3. Ahora gira la cabeza en otra dirección y ve a tu madre. En tu mente dile a tu madre:

   Tiene que ver contigo, mamá.

   Sentí todas esas emociones contigo.

   Es en mi relación contigo que sentí… (y di lo que sientes)

4. A continuación, mira a ese hombre de nuevo y dile:

   No tiene nada que ver contigo.

   Gracias por guiarme hacia mi madre.

   Debajo de todo este sufrimiento, puedo ver cuánto me sirves y cuánto me quieres.

   Ahora puedes ser masculino. Puedes ser tú.

   Resolveré los problemas que tengo.

SI TE CENTRAS EN EL DOLOR, SEGUIRÁS SUFRIENDO.

SI TE CENTRAS EN LA LECCIÓN, SEGUIRAS CRECIENDO.

DE MUJER HERIDA A MUJER DESPIERTA

"Las historias de amor más bellas se escriben cuando dos personas han hecho su trabajo interno y han dejado de lado su naturaleza del ego para abrazar el amor incondicional;

un amor superior que es desinteresado y está basado en lo divino."
—DANIEL NIELSEN

Para poder atraer a un Rey, tienes que ser tu Alma Rica femenina y empoderada. Una mujer segura en su feminidad es una mujer que, en lo profundo de su alma, está cerca de su madre, y espiritualmente conectada y empoderada por otras mujeres en su linaje femenino.

Un hombre fuerte en su masculinidad es un hombre que en su interior está cerca de su padre, iluminado espiritualmente por otros hombres en su linaje.

A menudo, tu pareja te refleja las dinámicas con tu propia madre. Lo que no se ha sanado y procesado completamente dentro de ti, se reflejará en la relación con tu pareja.

Observa la tabla a continuación y resalta aquellos aspectos que necesitan más atención y trabajo para tu despertar. Reflexiona sobre qué aspectos necesitan cambiar y cuáles fortalecerse.

MUJER HERIDA	MUJER DESPIERTA
Tiene miedo de compartir su verdad	Honra su verdad
Carece de autoestima	Conoce su valor
Tolera gente tóxica	Establece límites con amor
Busca validación externa	Se siente validada desde el interior
Complace a la gente	Inspira a los demás para brillar
Se disculpa por ser quien es	Vive sin complejos
Tiene un diálogo interno negativo	Se habla a sí misma con gentileza

¿QUÉ ES UNA RELACIÓN SALUDABLE?

Una relación saludable es una entre dos adultos maduros emocional y espiritualmente. La dinámica de una relación no funcionará mientras interpretes el papel de madre buena para tu hombre, o mientras esperes encontrar en él un Padre mejor. Tales dinámicas están destinadas a fracasar tarde o temprano. Siempre. Se basan en proyecciones y no en la realidad.

Una relación significativa quiere decir que os unís para haceros mejores el uno al otro. Creer el uno en el otro. Apoyaros mutuamente. Elevaros el uno al otro. Ser su paz, no su problema.

Como la mayoría de nosotras no recibió un modelo completo de una relación saludable cuando éramos jóvenes, debemos profundizar nuestra comprensión en este asunto a través de libros, seminarios y modelos a seguir exitosos.

Janet Woititz, una psicóloga e investigadora estadounidense, presenta en su libro *"Struggle for Intimacy"* (Lucha por la Intimidad) las siguientes 6 reglas de una relación saludable:

1. **Yo puedo ser yo.**

2. **Tú puedes ser tú.**

3. **Podemos ser nosotros.**

4. **Yo puedo crecer.**

5. **Tú puedes crecer.**

6. **Podemos crecer juntos.**

Una relación así no interfiere en nuestro proceso de ser y de convertirnos. Somos libres para ser nosotras. Somos libres para crecer. Somos libres para seguir asumiendo la responsabilidad de nuestra propia felicidad.

¡Qué contraste con lo que se ve comúnmente en nuestra sociedad! La mayoría de las relaciones están basadas en la codependencia, la falta de respeto, el criticismo y la complacencia forzosa del uno al otro.

En la tabla a continuación, puedes comparar los factores relacionados al amor herido y el amor despierto, para ganar más conciencia sobre los pilares saludables de una relación despierta:

AMOR HERIDO	AMOR DESPIERTO
Criticismo	Aceptación
Inseguro	Seguro / Confiado
Controlador	Entregándose al amor
Carente de confianza	Confianza y respeto
Codependiente	Dependiente del Alma
Se encierra	El corazón está abierto
Intenta cambiar y arreglar	Comprende y apoya
Atraído sólo físicamente	Atraído más allá de lo físico

IMPORTANTE: Asume la responsabilidad de la sanación necesaria en tu relación. Recuerda que los hombres merecen ser respetados. Que se les diga que son guapos, que sus esfuerzos y su trabajo duro son apreciados.

¿Cómo esperas ser su Reina si lo tratas como a un sirviente?

UNA REINA NO QUIERE A NADIE QUE NO LA QUIERA

El femenino de nuestro interior anhela ser amado. Como resultado, a menudo amamos demasiado y nos desesperamos por amor. Sin embargo, no existe ninguna relación por la que valga la pena sacrificar tu dignidad o el respeto por ti misma.

Nunca ruegues por amor. Nunca supliques a nadie que esté contigo. Nunca pidas atención, compromiso, tiempo y esfuerzo. Mantén tus instintos alerta. Recuerda que el amor de un hombre se expresa a través de acciones. Si un hombre no está dispuesto y es lo suficientemente fuerte para perseguirte y reclamarte… pues pasa página.

Si deseas un matrimonio y ser una esposa, pero después de años juntos no hay anillo… despierta de la ilusión. Nunca te comprometas a lo que "pueda ser". Si no toma ninguna acción o no hace ningún esfuerzo para salir contigo y encontrar tiempo para ti o para conocer a tus padres, por favor, no lo justifiques. Es ingenuo justificarlo. Aquí viene la bomba de la verdad: simplemente a él no le importa tanto como a ti. Las acciones hablan más que las palabras. Perdón por ser tan directa, corre por mis venas de sangre eslava…

No deberías tener que pedir nunca sentirte deseada. Suplicar es exigente y degradante. Si alguien no está dispuesto a compartir contigo estas cosas, con los brazos abiertos… no merece la pena. Evita relaciones que te separen de tu Alma. Deja atrás cualquier cosa o persona que te separe de tu Verdad.

\#Regla de Reina

DEJA DE PERMITIR QUE PERSONAS QUE HACEN TAN POCO POR TI CONTROLEN TANTO DE TU MENTE, TUS SENTIMIENTOS Y EMOCIONES.

Conoce tu valor. Conoce la diferencia entre lo que recibes y lo que mereces, porque si te encuentras constantemente intentando demostrar tu valor ante alguien, entonces ya has olvidad tu valor.

Así que, en vez de esto, mantente disponible sólo para un hombre completo. Las acciones de los hombres completos son claras, concretas y atrevidas. Ahórrate el tiempo de esperar, desear y rezar. Di "bye-bye" a los Niños Pequeños.

EL AMOR DE UN HOMBRE HACIA UNA MUJER ES EXPRESADO A TRAVÉS DE LA ACCIÓN.

EL AMOR DE UNA MUJER HACIA UN HOMBRE ES EXPRESADO A TRAVÉS DEL RESPETO.

¿A QUIÉN ATRAE LA REINA?

En términos de una relación, la Reina atrae a Reyes, hombres sólidos y firmes. Hombres que adoren su fuerza al igual que su profundo centro femenino y su vulnerabilidad. Hombres que tienen un lado masculino y una base fuertes. Un Rey es un complemento de una vida bien vivida.

Profesionalmente, atrae a aquellos que saben que ella es la que los va a llevar al siguiente nivel. Gente que la admira y reconoce sus cualidades de liderazgo.

¿A QUIÉN REPELE LA REINA?

Personas que no quieren responsabilizarse de sí mismos, de sus vidas y sus problemas. Como ella exige el propio reconocimiento, a esta gente no le gusta que también les haga responsabilizarse. Repelerá a los hombres que no están muy en sintonía con su propia masculinidad o la feminidad de ella.

SANAR TU ESENCIA PRINCIPAL

Nuestro máximo potencial se encuentra en equilibrar las energías del Divino Femenino y Divino Masculino en nuestro interior. Tanto los hombres como las mujeres tenemos sabiduría y rasgos masculinos y femeninos. Sin embargo, a veces una o ambas energías se encuentran fuera de equilibrio, silenciadas, heridas, incomprendidas o irrespetadas. Un sistema de energía equilibrado es muy importante para la sanación.

Lee la tabla a continuación y resalta aquellos aspectos de tu vida que necesitan fortalecerse. ¿Están en el lado femenino o masculino de tu energía?

DIVINO FEMENINO	DIVINO MASCULINO
Intuición	Lógica
Cariño	Protección
Fluidez	Disciplina
No-lineal	Lineal
Resplandor de amor	Conciencia
Entrega	Dirección
Recibir	Dar

7 Formas de Fortalecer Tu Masculino Interior:

1. Examina tus heridas con respecto al masculino.

2. Responsabilízate.

3. Contacta con tu Padre Interior.

4. Encuentra un maestro o guía masculino que admires.

5. Conecta con tu Guerrero Interior.

6. Sé asertiva y ¡no aceptes tonterías!.

7. Deja de ser pasiva y empieza a ser activa.

7 Formas de Aceptar Tu Divino Femenino:

1. Hónrate a ti misma como mujer: conecta con tu yo creativo, cariñoso, compasivo e intuitivo.

2. Confía en tu intuición, tu vínculo directo con lo divino.

3. Permítete ser vulnerable en un espacio seguro.

4. Conecta con tu hermandad y tu comunidad.

5. Trae lo divino a tu cuerpo: Dios está en cada parte de ti y tus sentidos. Haz tu cuerpo sagrado; ama y acepta tu cuerpo más, es una bendición para disfrutar.

6. Conecta con la Madre Naturaleza con tus pies descalzos.

7. Presta atención a tus 5 sentidos: gusto, olfato, tacto, oído y vista.

DINÁMICAS DE PAREJA DE PODER

Los Reyes y Reinas son un equipo, ellos contra el mundo. Es una relación sublime y exclusiva. Una unión sagrada ordenada divinamente. Nadie puede interponerse entre un Rey y una Reina. Ni una madre, ni un padre, ni los hermanos o amigos. Se defienden el uno al otro.

Se impulsan mutuamente y se ven como compañeros de equipo, no competidores. Forman una pareja de poder a la vez que maximizan su individualidad.

Una Reina nunca será demasiado para un Rey. Los Reyes no se intimidan nunca por el poder y la fuerza de una Reina. De hecho, los Reyes no son intimidados por nadie. Él reconoce el poder femenino y la belleza de su Reina. Se deleita en su luz. Se dice que la calidad de la esposa de un hombre es una indicación de la inteligencia de este. Por otro lado, un hombre que no te protege, te ofende y quiere vaciar tu autoestima, no es un Rey. Una Reina verdadera no está disponible para ninguna denigración verbal ni abusos físicos. Que lo hagan una vez, y perderán a esa Reina para siempre.

Un Rey verdadero también merece el respeto de su Reina sin complejos. No puedes comportarte hacia un Rey como si fuese un bufón porque, igual que tú, un Rey sólo será irrespetado UNA VEZ: él tiene los mismos valores y autoestima que tú, así que cuando un Rey decide irse, también es para no volver.

Recuerda, sois un equipo, en cuerpo y mente. Un equipo de iguales.

TU REINA INTERIOR DICE:

"¡SÍ! Soy una mujer plena. Y te elijo a ti, el hombre que ha abierto su corazón. Invito a mi camino a un hombre que es mi igual.

Quiero aquél en cuyo pecho pueda dormir y soñar los sueños más pacíficos de mi vida. Aquél cuyas manos me busquen incluso cuando duerme.

Me levanto con mi poder femenino. Tengo estabilidad. Soy bien capaz de brindarme a mí misma apoyo y seguridad. Puedo ver y oír a todo el mundo. Pero desde hoy elijo un hombre que está en el mismo sitio que yo.

Elijo a un guerrero que conozca su poder y sepa quién es. Elijo a un hombre que me vea por quien soy. Nos miramos a los ojos e inmediatamente NOS VEMOS A NOSOTROS MIS-MOS. Sabemos que dos poderes se han encontrado.

Nos elegimos a nosotros mismos y saltamos juntos al río que corre, porque ambos amamos la prisa y la calma de la vida y la aventura de experimentarlo juntos COMPLETAMENTE."

TU FUTURO ES ORO

El pasado puede ser hermoso. Un recuerdo. Un sueño…
Pero no es un lugar para vivir. AHORA es el momento.
La única salida es hacia adelante.

Tu momento para ser Reina es AHORA. AHORA es el momento de dejar atrás el miedo y reclamar tu grandeza. AHORA es el momento de vivir tu mejor vida. Estás preparada. Sabes lo suficiente. Has pasado por suficientes cosas.

Vuelve a este libro en cualquier momento que necesites un empujoncito de confianza. Mantenlo cerca de ti, y regálaselo a tu mejor amiga. No sólo expandirás tu círculo de Reinas, sino que también ganarás un gran apoyo.

Recuerda mirar directamente a los ojos de tu éxito. No apartes la mirada. Recuerda que el precio del éxito se paga por adelantado. Recuerda mantener tu dignidad y un corazón humilde.

El respeto es la palabra clave que te abrirá muchas puertas.

Respétate a ti misma fervientemente y se respetuosa hacia los demás.

Sé valiente.

Sé atrevida.

Sé tú sin complejos.

El mundo necesita tu magia femenina.

DESCUBRE LA TRILOGÍA COMPLETA

Entra en: justinacarmo.com/libros

Paso #1 — DESCUBRE CÓMO VOLVERTE ESPIRITUAL Y MATERIALMENTE ABUNDANTE

¿Te ves atrapada en un ciclo de tortura donde solo ves el dinero entrar y salir o lo repelas?

Tus días de estar siempre con poco o a cero pueden acabar.

Tus días de vida con un *"nunca hay dinero suficiente"* pueden acabar. Tus días de desear de poder ganar mas dinero, pero simplemente no saber cómo, también pueden terminar.

Cuando aprendas a relacionarte con el dinero desde el amor y la paz, como algo que te apoya en tu vida y propósito — todas las áreas de su vida se expandirán. En este libro, te ayudaré a sanar tu relación con el dinero y renovar tu mente. Recuperarás la paz con ambos.

Paso #2 — ¡ES EL MOMENTO DE DEJAR TUS SUPERPODERES BRILLAR!

Eres poderosa. Eres capaz. Eres sabia. Y tú lo sabes. En tu interior, escondes a una autora bestseller, a una oradora motivacional de fama internacional, una emprendedora multimillonaria, una inversionista altamente exitosa, una mujer de ensueño. **¡Ya hora de que seas la estrella de tu vida y te dejes ver en toda tu gloria!**

En "Superstar Espiritual", aprenderás a convertirte en tu mejor versión de todos los tiempos y poder servir al mundo de una manera audaz, emocionante e impactante. **¡Basta ya de esconderse! ¡Basta de empequeñecerse! ¡Basta de limitarse!** Has recorrido un largo camino para convertirte en quien eres ahora. Tienes tanto que ofrecer. El mundo te necesita exactamente tal y como eres.

SOBRE LA AUTORA

¡Hola Preciosa!

Soy Justina y ayudo a mujeres espirituales como tú a sanar sus bloqueos de dinero para que puedan expandir su negocio, tener mucho dinero en su cuenta bancaria y vivir una vida próspera.

Actualmente vivo en Barcelona, España. ¿Alguna vez has estado? Estoy tan enamorada del país que planeo quedarme permanentemente. Uso mis pantalones de yoga Lululemon para durante los días de lluvia en lugar de hacer ejercicio, pero cuando salga el sol me verás con mi pintalabios Rouge Dior#999, sonriendo.

Soy de Europa del Este, polaca para ser precisos — lo que significa que tengo la tendencia a decir las cosas tal como son. Esto funciona muy bien en mi negocio de coaching porque así se rompen las barreras rápidamente.

No hay forma de que pueda sufrir una sobredosis de reggaeton. Todo el mundo sabe que pongo la misma canción 6 veces seguidas. Sé que tú también lo haces — porque "Despacito".

Soy una chica material y una amante de todas las cosas lujosas y elegantes, pero también soy una chica espiritual. Es cierto, a veces las mejores cosas de la vida son gratis. Como caminar descalza por la mañana por la playa.

He pasado por mi propia transformación mágica — y estoy convencida de que tú tambiñen la vivirás si aplicas lo que has leído en este libro.

Por último, me encantaría recordarte que...

ESTÁS SOLO A UNA DECISIÓN DE TU MAYOR DESTINO ...

ANTES DE QUE CIERRES ESTE LIBRO...

Me gustaría presentarte a alguien especial…

Alguien que está dando todo su Corazón y su Alma para elevar una consciencia global en nuestro planeta para gente como tú y yo.

Alguien cuyas enseñanzas sanan tu Alma.

Alguien implacable en ayudarte a transformar tus retos más grandes en tus mayores bendiciones.

Para LAÍN GARCÍA CALVO - mi mentor

Me gustaría dedicar especial atención a una persona especial, a quien tuve el honor de conocer a lo largo de mi camino espiritual, y por la gracia de Dios he sido bendecida con aprender de él – gracias a quien este libro y mi carrera como autora han sido posibles.

La persona que, a través de su ejemplo de vida, enfoque impávido y rumbo intenso, me ha guiado pacientemente en cada paso del camino, y cuya profunda sabiduría y centro masculino fueron realmente invaluables.

Gracias Laín.

Mi gratitud es tuya, más allá de las palabras.

Así como mi respeto por todo lo que enseñas, representas y compartes.

Que Dios bendiga siempre tu camino tiernamente.

EL LIBRO DE MI PUNTO DE QUIEBRE

:: La Voz de tu Alma ::

El libro que AMO con todo mi CORAZÓN es *"La Voz de tu Alma"*.

Laín tiene un estilo encantador de profundidad que expandirá tu Corazón y te empoderará para seguir el guiado de tu Alma.

EL DÍA QUE RECIBÍ ESTE LIBRO

No olvidaré nunca el día que recibí este libro…

11 de la mañana. Aún estaba tumbada en la cama, sola, en mi apartamento de Londres. Deprimida. Desmotivada. Aburrida. Indefensa y desesperada.

Todo lo que veía por la ventana, día tras día, era un cielo gris y lluvioso. De repente, oí un ruido. Sonó el timbre de la puerta. No me apetecía nada abrirle a nadie. El ruido sonó, durante el doble de tiempo. Luego otra vez. Algo dentro de mi me dijo que debería moverme. Era un repartidor ¡con mi versión de *"La Voz de tu Alma"*!

Lo toqué e, inocentemente, sonreí al leer el título. Abracé este libro azul, cerca de mi Corazón. Recé para que este fuera EL LIBRO que finalmente me ayudaría a salir del estado de impotencia en el que me había metido, mi ansiedad, mi desesperación y mucho más.

Subí rápidamente, dispuesta a leerlo con avidez. Por un momento, dejé de ser esa *"Justina deprimida, miserable"* por la cuál me reconocía en los últimos meses…

Cada página animaba mi Espíritu.

Me recordaba a esa vocecita en mi interior a la que solía escuchar… hasta que la traicioné, y empezaron toda mi confusión y mis dramas…

Las enseñanzas del libro me retaban a elevarme a mí y a mis pensamientos por encima de mi mentalidad de víctima pasiva todo el tiempo. Las Leyes del Universo que explicaba empezaban a tener sentido. Y todos los errores que había cometido por mi ignorancia.

El conmovedor mensaje empezó a darme un poco de esperanza y motivación para superar mis circunstancias. Deseaba retomar mi poder, y este libro finalmente me enseñó "cómo" de una manera que podía entender y aplicar fácilmente.

Empecé a soñar de nuevo. A bailar de nuevo. A amarme otra vez.

"La Voz de tu Alma" me resucitó de una depresión miserable para ser vista en toda mi gloria y plena expresión de mi Alma.

Querida Hermana Almática, no podría recomendártelo más. Te ruego, por favor, que lo pidas hoy. Date a ti misma un regalo del Alma. Regálale a tu Alma Paz y Verdad.

El libro de Laín me ha reconectado completamente con mi Alma, y ha traído tantas bendiciones a mi vida. Estoy segura de que estas enseñanzas también bendecirán tu vida de innumerables maneras.

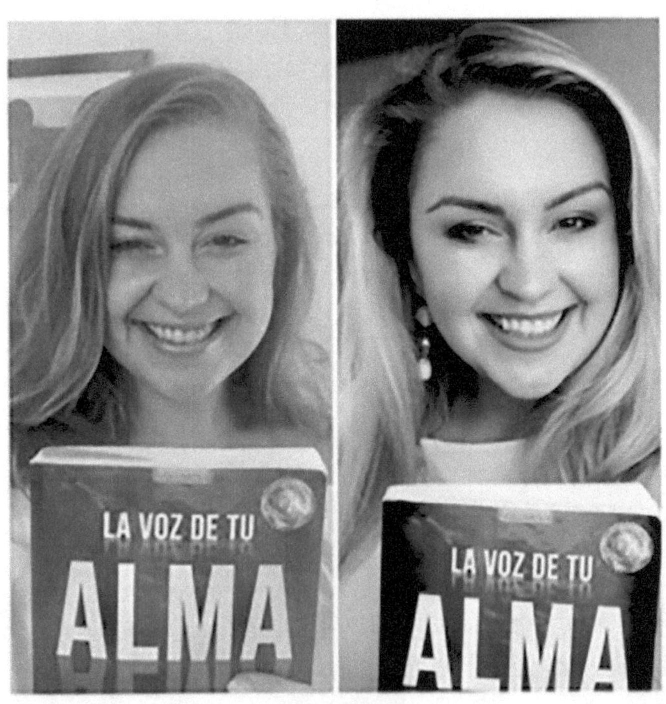

¿CÓMO PUEDES CONSEGUIR EL LIBRO?

1. Pídelo directamente en la página web de Laín: *www.lain-garciacalvo.com*

2. Visita el Amazon y busca: *"La Voz de tu Alma"* por Laín García Calvo.

LO QUE HE APRENDIDO ES QUE LAS VISIONES

DICTADAS POR TU ALMA

SON LA CLAVE PARA TU MAYOR TRANSFORMACIÓN...